JN024001

ロシア語の余白の余白

黒田龍之助

白水社

はじめに

この本はロシア語の参考書ではない。

つまり文法や語彙が体系的に紹介されているわけではない。だからどんなに熟読したところで、ロシア語が身につくことは決してない。万が一身についてしまったら、それはあなたが並行して読んでいた別の本などのおかげである。感謝はそちらへしてほしい。少なくとも本書とは無関係だ。

この本はエッセイ集である。

エッセイ集であるからして、実用書ではない。純粋に楽しんでもらうことだけを目的としている。《書籍の価値は役に立つかどうかで決まる》とお考えの方は、間違いなく失望する。このまま閉じて、書棚にお戻しください。

エッセイ集のクセに、この本にはロシア語がたくさん出てくる。

ロシア語が分からなければ、ひょっとすると、ページのあちこちに散りばめられたキリル文字が鬱陶しいかもしれない。そこでときどきフリガナをつけてみたのだが、すべてにではなく、ほんの参考程度に、しかもはなはだ気まぐれに振ってある。そういうのが不親切で理不尽だとお考えの方は、読んでも不愉快になるだけだろう。やめておいたほうがいい。

いったい、この本は誰のために書かれているのか。

想定している読者には二種類ある。

一つはロシア語学習者である。レベルは問わない。その方法も、学校、個人レッスン、ラジオ・テレビ講座、あるいは独学と、なんでもいい。ロシア語の文法や語彙と日々闘い続ける人に、なにか息抜きとなるような、ちょっとした話題を提供したいと考えた。

もう一つはロシア語学習予定者である。ロシア語って以前から勉強してみたいと思っているけど、イマイチふん切りがつかなくて、いまだに始められない。そういう人が学習開始のキッカケとしてくれることを祈りつつ、おもしろそうなエピソードをあれこれ書いてみた。

別にロシア語を勉強するつもりはない。ただ、黒田の語学エッセイが暇つぶしになるから読むだけ。そういう方もいるだろう。その場合には、適当に拾い読みしてください。実際、この本はどこから読んでも構わない。

それでも、なるべくだったら二番目のカテゴリー、つまり、ロシア語学習予定者になってほしい。

だって、ロシア語を学ぶっていうのは、とても楽しいことなのだから。

ロシア語のアルファベット

А	а	アー
Б	б	ベー
В	в	ヴェー
Г	г	ゲー
Д	д	デー
Е	е	イェー
Ё	ё	ヨー
Ж	ж	ジェー
З	з	ゼー
И	и	イー
Й	й	イー・クラートカエ
К	к	カー
Л	л	エル
М	м	エム
Н	н	エヌ
О	о	オー
П	п	ペー

Р	р	エる
С	с	エス
Т	т	テー
У	у	ウー
Ф	ф	エフ
Х	х	はー
Ц	ц	ツェー
Ч	ч	ちぇー
Ш	ш	シャー
Щ	щ	シシャー
Ъ	ъ	トヴョーるドゥイ・ズナーク
Ы	ы	ウィー
Ь	ь	ミャーふキイ・ズナーク
Э	э	エー
Ю	ю	ユー
Я	я	ヤー

辞書を引こうというのなら、この順番を覚えなければなりませんが、本書を読むだけだったら、とくに必要ありません。

ロシア語をまったく知らない人のために、文字と発音について簡単にまとめてみた。もちろん、これを完璧に頭に入れなくても本書は読むことができる。そもそも、これだけでロシア語の文字と発音をマスターするのは不可能。ほんの目安に過ぎない。なお、似たような表記を避けるため、一部でひらがなを使っています。

[英語で見たことのある形]

1. 形も音もだいたい同じ。

А а：母音字。口を大きく開けてはっきりと「ア」。

К к：子音字。日本語の「カ」を発音したときのはじめの音。

М м：子音字。日本語の「マ」を発音したときのはじめの音。

О о：母音字。唇を突き出してはっきりと「オ」。

Т т：子音字。日本語の「タ」を発音したときのはじめの音。

2. 形は見たことあるけど、音が違う。

В в：子音字。上の前歯を下唇の内側に軽く触れて発音する「ヴ」。

Е е：母音字。カタカナで示せば「ィエ」が近い。日本語の「エ」とは違う音なので注意。

Ё ё：母音字。日本語の「ヨ」とほぼ同じ。

Н н：子音字。日本語の「ナ」を発音したときのはじめの音。

Р р：子音字。舌をふるわせる巻舌の「る」。

С с：子音字。日本語の「サ」を発音したときのはじめの音。

У у：母音字。唇を突き出してはっきりと「ウ」。

Х х：子音字。喉の奥から強く息を吐き出しながら「は」。

[英語にはない形]

3. 新しく覚えよう！

Б б：子音字。日本語の「バ」を発音したときのはじめの音。

Г г：子音字。日本語の「ガ」を発音したときのはじめの音。

Д д：子音字。日本語の「ダ」を発音したときのはじめの音。

Ж ж：子音字。舌を後ろに引いて、唇をすこし突き出して「ジュ」。

З з：子音字。「ワザ(技)」の「ザ」を発音したときのはじめの音。

И и：母音字。口を横に開いてはっきりと「イ」。

Й й：子音字。日本語の「ヤ」を発音したときのはじめの音。

Л л：子音字。舌先を上の歯の裏につけて発音する「ル」。

П п：子音字。日本語の「パ」を発音したときのはじめの音。

Ф ф：子音字。上の前歯を下唇の内側に軽く触れて発音する「フ」。

Ц ц：子音字。日本語の「ツ」を発音したときのはじめの音。

Ч ч：子音字。唇をすこし突き出して発音する「ちゅ」。

Ш ш：子音字。舌を後ろに引いて、唇をすこし突き出して「シュ」。

Щ щ：子音字。日本語で「静かに」という意味で「シー」と伸ばす音に近い。

Ы ы：母音字。カタカナで示せば「ゥイ」というのが近い。日本語の「ウイ」という二つの音ではないので注意。

Э э：母音字。口を大きく開けてはっきりと「エ」。

Ю ю：母音字。唇を突き出してはっきりと「ユ」。

Я я：母音字。日本語の「ヤ」とほぼ同じ。

4. 音を持たない記号。

Ъ ъ：子音と母音を分けるための記号。めったに使わない。

Ь ь：この記号が子音字の後ろにつくと、その子音は舌の真ん中を上のほうに盛り上げて発音することを示す。

もくじ

《ロシア文字》ではありません

広く誤解されているのだが、《ロシア文字》というものは存在しない。キリル文字という名称が正しい。

ロシア語で使う文字はру́сский алфави́т［るースキィ・アルファヴィート］と表現されることがある。それだって、「ロシア語のアルファベット」という意味であって、《ロシア文字》じゃない。

キリル文字を使う言語の中では、ロシア語がもっともメジャーだからとか、ロシア語の文字に親しんでもらうためとか、もっともらしい理由をいくら挙げても、キリル文字はやっぱりキリル文字。「ブルガリア語もロシア文字を使うんですね」なんていうのは、とんでもない誤解で、キリル文字はブルガリアが起源である。本末転倒。

ロシア語のアルファベットは全部で三三文字を使う。

АБВГДЕЁЖЗИЙКЛМНОПРСТУФХЦЧШЩЪЫЬЭЮЯ

これがキリル文字のすべてというわけではない。たとえばベラルーシ語にはЎがあるし、ウクライナ語ではЇがあるが、このような文字はロシア語では使わない。

ロシア語の学習は、この三三文字を覚えることから始まる。このことについては、これまでもあちこちで宣伝してきた。

だが覚えるだけでは足りない。

たとえば辞書を引こうと思ったら、この順番も把握していなければならない。もちろん辞書にはアルファベット表がだいたい載っているものなので、忘れたら参照すればよい。だが、この順番が頭に入っていないまま、辞書を引くのは難しい。

ロシア語のアルファベットには、もう一つ難しいところがある。それは英語で慣れ親しんだラテン文字と似たような形の文字が、思わぬ順番で並んでいることだ。

はじめの文字がAで始まっている。これは共通。だからといって、油断してはいけない。

Cはロシア語のアルファベットで十九番目である。ところが英語の影響で、Cはなんとなく前にあるような気がしてしまう。だから辞書のはじめのほうを開いてしまうのだが、もちろん見つからない。しばらくして「ああ、そうか。Cは後ろのほうだっけ。なんだ、バカみたいだな」と気づく。

ほかにもXとYではYが先である。HとKとMでは、K、M、Hの順番だ。些末なことだが、こういう小さなミスが積み重なるとストレスになる。

それでも辞書を引き続けていれば、そのうち必ず慣れる。特別な訓練をしなくても、授業の予習をしていれば徐々にコツが摑めるようになる。そもそも特別な訓練なんて存在しない。焦らず気長に続けるしかない。

続けていれば、いつの日かロシア語のアルファベット順のほうが得意になるかもしれない。

「この前、英語の辞書を引くときに、Cから始まる語を後ろのほうで探しちゃって……」

そんな声をときどき聞く。それはそれで困ったもので、さらに時間をかけて区別しなければならない。

それでもロシア語教師としては、こんな声が嬉しかったりする。

ロシア語の文字教本(1984年)。その昔、ピオニール・キャンプでプレゼントされた。

ファインマンの嘆き

ずいぶん以前になるが、ラルフ・レイトン『ファインマンさん最後の冒険』（岩波書店）を読んだ。物理学者リチャード・ファインマンは専門分野における業績ばかりでなく、そのユニークな性格でもたいへんに有名な人物であったようだ。ただし『最後の冒険』を読もうと思ったのは、彼の楽しいエピソードを知りたかったからではない。この本のテーマが、ファインマンが仲間と旧ソ連の辺境であるチューバという国を目指す話だったからなのである。

今ではその内容もほとんど覚えてないが、一つだけとても印象に残った箇所があった。

子どもの頃から切手収集を通してチューバという国が存在することを信じていたファインマンは、地図上でソ連の中にこの国を見つけ出す。まさかそんな国があるとは、と驚く友人レイトンに、ファインマンが続ける。

「まあこれを見ろよ。首都の綴りはKYZYLだぞ！」と叫んだ。

「まさか！」と僕は呆れた。
「まともな母音が一つもないじゃないか！」（五ページ）

この「まともな母音」という表現がおもしろい。英語話者にとって、まともな母音とは「a、i、u、e、o」の五つを指すのだろうか。日本語でも母音は「あ、い、う、え、お」なので、日本人もこれにはなんとなく納得してしまいそうになる。

だが、英語の母音は「a、i、u、e、o」の五つではない。本当はもっといろいろな母音がある。だが文字としてはこの五つで表すのが圧倒的で、これらをさらに組み合わせたり、または一つの文字が多様な読み方をしたりをする。文字と発音は本来違うのだが、表音文字を使っている言語の話者は、この関係が一対一対応ではないことに、案外気づきにくい。

英語だって、yが母音を示すことがある。たとえばrhythmとかskyとか。それもやっぱり「まともな」気がしないのだろうか。

KYZYLの場合、このyはロシア語だったらыに対応するのだろう。舌をやや後ろに引き、唇は突き出さないで「ウィ」と発音する中舌母音ы。これはロシア語学習者にとって、なかなか難しく、「まともでない」と文句の一つもつけたくなる音なのである。

いずれにせよ、勝手な意見なんですけどね。

母音はいくつ?

ロシア語がただ使えるようになりたいのだったら、この表題のようなテーマは気にすることはない。それよりも単語を増やし、変化を頭に叩き込んだほうがよい。

しかし、たとえば大学でロシア語を専攻するとなったら、そうはいかない。ロシア語とはどういう言語か、客観的に捉える必要がある。ただ使いこなせることしか目指さない人は、大学に来ると絶望する。

というわけで、ロシア語専攻の大学生が「ロシア語の母音は十個です」というのを耳にすると、絶望的な気分になる。

彼らが考える十個の母音とは、以下のものであろう。

а ы у э о я и ю е ё

だがこれは母音字。この中に母音のみを示すものも含まれているが、すべてではない。

たとえばяは母音字ではあるが、母音ではない。音としては「子音/j/+母音/a/」である。/j/は日本語の「や」のはじめの部分と同じで、ローマ字ではyaで表す。つまりyaをロシア語では я の一文字で示しているのである。騙されてはいけない。

同じような理由から、юは/ju/、еは/je/、ёは/jo/と考え、どれも母音字ではあるけれど、母音ではない。ここまでは、あらゆる人の共通認識である。

だがその先になると、研究者によって意見が分かれる。

問題は ы と и なのだ。

ы は前節でも触れたが中舌母音［ウィ］で、発音記号では/ɨ/で表わす。iに横棒を加えるなんて、見たことがないかもしれない。一方 и は/i/であり、先ほどの я などとは明らかに違う。

この二つの母音を、「同じもの」と考えるグループと、「違うもの」と考えるグループが存在するのだ。「同じもの」なら母音は五つ、「違うもの」なら六つという勘定になる。

おもしろいことに、そのグループは大学やアカデミーなどの研究施設の場所で分かれる。

モスクワのグループは「同じもの」と考える。ы［ウィ］と и［イ］の違いによって、意味が変わってしまう単語はほとんどない。つまり一つの母音のバリエーションと考えたほうが合理的だ。したがってロシア語の母音は五つである。

だがペテルブルグのグループは「違うもの」だと主張する。ы と и の違いによって、意味が変わる単語が存在するからだ。

быть［ブィーチ］　〜である

бить［ビーチ］　打つ

だから母音は六つになる。

それに対してモスクワは「そんなの、それだけじゃん」

ペテルブルグは「それだけだって、あるにはあるぞ」

こうして、二つの見解が生まれるわけである。

区別されるのがбытьとбитьだけとはいえ、接頭辞がつけばもうすこしある。

забы́ть［ザブィーチ］　忘れる
заби́ть［ザビーチ］　打ち込む、叩き込む、撲殺する

あまり混乱してほしくない単語である。

わたしはどちらか一方の説をとくに支持しているわけではない。それぞれの主張を聴いても、判断に困ってしまう。だからロシア語の母音は「五つあるいは六つ」であるとしている。

しかも以上の論争はアクセントがある場合のお話で、アクセントがなければまた違ってくる。

母音の数ひとつとっても、これだけ複雑なのだ。

とにかく、少なくとも十個じゃない。そんな答えは学生でも許されないし、授業や教材などで「分かりやすく」するための方便としても、やっぱり問題があるのではないか。

ヘボ将棋

Щという文字がある。Шによく似ているが、右下に「しっぽ」がついている。

この音を説明するのは難しい。ロシア語の入門書なら、カナで「シシャー」としているだろう。『標準ロシア語入門』(白水社)では次のように説明している。

「Шを参照。ただし、Шの場合より後舌面をあげ、口蓋とのあいだをせばめて息の流れをさまたげます」(一三ページ)

じゃあШはどうか。

「舌を奥へひき、舌先を硬口蓋に近づけ、舌先に向けて強い息を集中すると、舌先と硬口蓋とのうすいすきまで空気がまさつしてこの音がでます」(同右)

非常に正確なのだが、一方で口の中のしくみが把握できていない人には、ますます分からなくなる。まあ、「シーッ、静かに」というときの「シーッ」がШだと考えていただければよい。

だが現代と違い、古い教科書では説明がすこし違っている。内藤三雄『露西亜語独習』(自然社・崇文堂）は大正十四年に出版されたものだが、そこでは、Ш はまず ш を発音してから ч［ちゅ］を発音せよ、とある。カナも「シチャー」と振ってある。

これはどういうことか。

その理由は、この文字の標準音がある時期を境に変わったからだと考えられる。かつては「シチャー」だったのが、後に「シシャー」になったのではないか。

もともと、ペテルブルグではщが「シチャー」で、モスクワでは「シシャー」が標準だったところ、革命により首都が移ったので、ペテルブルグ風からモスクワ風になった。そんなふうに想像してみた。だが詳細については知らない。調べてみる必要がある。

古い時代に日本語に入ってきたロシア語では、щに「シチ」というカナを当てている。それがロシア語からの外来語にも影響を与えている。代表例がボルシチборщだ。でもロシア語の授業では［ボールシィ］のような発音が要求されるだろう。

英語の教材を見ていると、щはfresh cheeseのsh chの部分だと説明されていることが多い。ということは「シチャー」派である。いまどき古い気もするが、どうなんだろうか。

ある日本人がロシアに出かけたときに作った駄洒落。クレムリンの入り口にあるプレートの中にщの文字を見つけて、こういったそうだ。

「へぼ将棋　王よりシシャ（飛車）を　可愛がり」

その人は江戸っ子だったので、ヒとシの区別がつかなかったのである。

英語からの発想

外国語学習の中でも、とくに単語を覚えるときには、持っている知識を総動員して、それこそ全力で向かわなければならない。文法と違い、単語は説明されて納得するのではなく、自分で自分の頭の中に植えつけるものである。教師に頼ることはできない。

どんな知識でも利用したいから、たとえば英語から類推できるロシア語の単語は、やっぱりこれを利用して覚えたほうがいい。「英語は得意ではないから」「英語が嫌いだからロシア語を選んだのに」などと心の狭いことはいわずに、使えるものは何でも使う。

何も難しい理論を覚えろというのではない。ロシア語の単語を見ていれば、自然に類推がつく。人間の頭はそういうふうにできているのだ。

стáнция［スターンツィヤ］← station「駅」
нáция［ナーツィヤ］← nation「民族」

традиция［トラヂーツィヤ］↑ tradition「伝統」

この三例から「そうか、英語の-tionがロシア語の-ция［ツィヤ］に相当するんだな」ということが想像される。もっとも、語源的にはそういう単語が常に英語経由で入ってきたとは限らず、たとえばフランス語からということもあるだろう。だがこの場合、大切なのは単語を覚えるときの参考になるということだ。

それが分かれば、逆に英単語からロシア語が推測できる。

revolution「革命」↓ революция［リヴァリューツィヤ］

こんな難しそうな語が想像できちゃうなんて、お得ではないか。ひと昔前まで、ロシア語の教科書では「革命」が重要単語であった。理由は分かりますよね？

さて、英語からの類推でありがたいことは他にもある。たとえば日本人の苦手なbとvの区別。「革命」の三番目の文字はб（英語のb）か、それともв（英語のv）か、迷ったら英語を思い出そう。英単語をちゃんと覚えていれば、ここでも応用が利くのだ。

……という発想は間違いではないけれど、ときどき注意したほうがいい。

symbol「象徴」↓ символ［スィームヴァル］

文字の形で騙されないよう、よく見てほしい。英語のbがここではвに対応している。ギリシア語からの借用語で、まあ歴史的にいろいろあった結果なのだが、とにかくこういうこともあるから、注意したほうがいい。

これはlとrの場合でも起こる。

February「二月」→февра́ль［フィヴらーリ］

英語のrはロシア語のpに対応するはずなのに、最後から二番目のrがロシア語ではл（英語のl）に対応している。言語学的には異化作用といって、rの連続を避けるためにこのような変化が生じたなどと説明がつけられる。それはどうでもいい。大切なのは「英語からの類推は、大いに利用したほうがいいけど、過信は禁物」ということだ。

でも、それって何にでもあてはまるでしょ？

正書法に逆らう

正書法とは、正しい表記方法のことである。ロシア語の場合には綴りの規則だと考えていただければ、まず間違いない。

たとえば「ж、ч、ш、щのあとにはю、я、ыを書かずу、а、иを書く」という規則がある。жとшはいつでも硬子音なので、たとえばжуとжюは実際上同じ音。その反対にчとщはいつでも軟子音で、чуとчюはやっぱり同じ音なのだ。

発音が同じだからといって、勝手気ままに綴っては困る。書き方は一種類に統一したほうがいい。ということで、жの後ではюを書いてはいけなくて、必ずуを書くという規則が生まれた。そのためжурнáл「雑誌」のはじめの部分は、жюには絶対にならないのである。

しかし、いつでも「絶対に」いけないのだろうか。

こういわれると、つい疑ってしまうのがわたしの悪いクセ。果たして例外はないか。もちろんある。

жюри́　審査員、裁判員
парашю́т　パラシュート

このような外来語ではжуやшуを書かないことがある。何事にも例外はあるのだ。そして例外を見つけると、なぜか無性に嬉しい。

正書法の規則はこれだけではない。他にも「г、к、хのあとにはю、я、ыを書いてはいけない」という規則もある。やっぱりю、я、ыを禁じているので、さきほどの規則に似ているように見えるが、実はちょっと違う。

たとえばгуとгю。それぞれ違う音を表している。前者は「グ」で、後者は「ギュ」というのが近い。明らかに違う音なのに、どうしてгюと綴ってはいけないのか。

実は「いけない」というのとはすこし違う。そうではなくて「ない」のだ。つまり、ロシア語には「ギュ」という音の組合せがないのである！

гюばかりではない。他にもгя、гы、кю、кя、кы、хю、хя、хыという組み合わせは、ロシア語ではないことになっている。

そういわれると、探してみたくなるのが、やっぱりわたしの悪いクセ。さっそく辞書で捜索を開始。すると例外をいくつか見つけることができた。

гюрза́　トルコクサリヘビ
гяу́р　（イスラム教徒から見た）邪教徒

кыргы́з　キルギス人
кю́ммерь　アニス入りの甘味ウォッカ
кяманча́　キャマンチャ（中東・コーカサスの楽器）

他にも多少あったが、どれもあまりお目にかかりそうにない。もっとも使いそうなкыргы́зも、一般にはкирги́зという綴りのほうが用いられる。

ということで、正書法から外れる単語は、一部の例外を除けばめったにない。自分の書いたロシア語の中で、この規則から外れる綴りがあったら「あれ、もしかして間違えたかな？」と考えて、もう一度確かめたほうがいい。

疑ってばかりでは、外国語学習は進まない。

「店」と「雑誌」じゃ大違い

ロシア語で「店」のことをмагази́н［マガズィーン］という。新しい単語として素直に覚えればよいのだが、これがなかなかできない。英語に影響されてしまうためである。

ある学生の奇妙な作文。

「昨日マガズィーンを買いました」……気楽にいうね。

「わたしはマガズィーンをいくつか持っています」……すごい。

「わたしは毎週マガズィーンを買います」……不動産経営でもしているのかな。

もちろん、何を勘違いしているのかは想像がつく。магази́н［マガズィーン］を、英語からの類推でmagazineと勘違いしているのである。

ご存知のように英語のmagazineは「雑誌」のことである。だからロシア語のмагази́нも同じだと考えるのだ。ふだんは「英語が苦手」などといっていても、長年親しんできた英語の影響から、なかなか自由になれない。

どうして英語で「雑誌」がロシア語で「店」なのか。これは偶然の一致（不一致？）とは思えない。寺澤芳雄編『英語語源辞典』（研究社）を引く。するとmagazineの最初の語義には「倉庫・資源地」が挙がっている。二番目は「火薬庫、弾薬庫」で、いずれにせよ「店」のほうがまだ近そうだ。「雑誌」という意味は三番目の語義で、「雑誌、マガジン＝日曜版の文芸欄」とある。解説によれば、現在のような「雑誌」という意味は一六三九年の雑誌名で「（とくに軍事関係の）知識の宝庫」という意味で使われたことに始まり、一七三一年創刊のGentleman's Magazineによって一般化したそうだ。

これで合点がいく。語源は言語学の主要テーマではないが、外国語学習ではこのように役に立つこともある。

ちなみにロシア語で「雑誌」のことをжурна́л［ジュるナール］という。かつては『朝日ジャーナル』のジャーナルですねと教えていたが、廃刊になってしまったので『就職ジャーナル』に言い換えた。だが就活を控えた学生が暗い顔をするので止めた（さらに『就職ジャーナル』も休刊だそうだ）。

もうひとつ、間違えやすい単語にфами́лия［ファミーリヤ］がある。英語のfamilyに似ているが、「家族」ではない。「名字」だ。

もちろん［ファミーリヤ］は「家族」とも関係がある。辞書にも「一族」や「一家」「家柄」などの語義が挙がる。だが「家族」はふつうсемья́［スィミャー］である。

фами́лия［ファミーリヤ］もсемья́［スィミャー］も基礎的な語彙だから、間違えずに覚えなければならない。ただし、意味が近いときには、語源を持ち出すと返って混乱する危険性もある。これはまったく別の単語として頭に入れてほしい。

Как《カーク》 ва́ша《ヴァーシャ》 фами́лия《ファミーリヤ》? 「あなたの名字は何ですか?」

Как《カーク》 ва́ша《ヴァーシャ》 семья́《スィミヤー》? 「ご家族はいかが（＝お元気）ですか?」

しっかり区別しましょう。

このように、教師は学習者の間違えそうなところをだいたい把握しているものである。だが、ときには思わぬ質問を飛び出す。

хара́ктер［はらークチる］「性格」という語が出てきたとき、一人の学生が「この単語は活動体ですか?」と尋ねてきた。子音で終わる男性名詞の場合、人間や動物を表す活動体の名詞では、対格が生格と同じ形になるので、これはチェックしておく必要がある。だが「性格」はどう考えても人間や動物に思えない。授業中は「いいえ、常に不活動体です」と答えただけだった。

気づいたのは、授業から帰る電車の中だった。そうか、あの学生は英語のcharacterから類推していたのだ!

characterは「性格」のほかに「登場人物」や「有名人」という意味がある。うーむ、その場で思い至るべきであった。

学習者の多くは英語ベース。教師はこのことを忘れてはならない。

ヘンな語を知っている

外国語を学習するにあたって、語彙を増やすことはとても大切である。テスト前になって「先生、単語は覚えたほうがいいですか」などという信じられない質問が出るのは、マークシートのような選択問題のせいでボケてしまった証拠だ。

語彙は頻度の高いものから覚えるべきである。基礎的な語彙を知らなければ、なにも読めないし、書けもしない。

しかし、それだけではつまらない。

個人の語彙は偏っているものである。平均というのは統計上の話で、たとえ外国語の初級学習者であっても、基礎語彙だけでは不自然で不気味な会話になってしまう。それよりも、ヘンな語を知っているところに人間の個性があるのではないか。

ロシア語について振り返ってみれば、ロシア人から「よくそんな語を知っているねえ」といわれたことが、なんだか嬉しくて、記憶に残っている。

大学二年生のとき、консéрвы［カンスェーるヴィ］「缶詰」という語を知っていて、先生に誉められた。英語でもcanで、なんとなく似ているからこそあいまいになりやすい。どこで覚えたのか記憶にないが、ちょっと得意だった。

通訳の駆け出しの頃、хрен［ふりぇーン］「山葵」という語がとっさに口から出て、ロシア人通訳から「黒田さん、よくご存知ですね」といわれた。厳しい人だっただけに嬉しかった。ロシアの山葵は日本のそれとはもちろん違い、ホースラディッシュといったほうが近いかもしれない。ロシアで実物の［ふりぇーン］との出合ったのは、そのときがほとんど始めてだった。ことばが先で実物が後ということも、外国語の場合はときどきある。

もう一つ、日本に来たロシア人を囲んでおしゃべりをしていたとき、синхрóнный перевóд［スィンふろーンヌィ・ピりヴォート］「同時通訳」という語彙を使ったら感心された。とはいえ、この頃はもうロシア語がかなりできる気分だったので、なんでそんなことで誉められるんだろうと、かえって不思議だった。

ロシア語のプロになろうと決めていたので、どんな語彙でも「好き嫌いなく」片っ端から覚えた。一度も使ったことのない語もたくさんある。でも、そういうガムシャラな時期が、外国語学習には必要なのだ。

かつてロシア語は理系だった

神田神保町の古本屋に、ロシア語で書かれた理工書が山積みになっていた。背表紙を眺める。『化学概論』など、多少分かるものがある一方で、そもそも何の本だかさっぱりというものも少なくない。

ランダウという名前があった。確か、物理学で有名な学者だったはず。その昔、物理学専攻の学生に教えてもらったっけ。そういう古典的名著でも、軒先に山積みなんだから、きっと売れないのだろう。

かつてロシア語を熱心に学んだ学生には、理工系が少なくなかったという。いわゆるスプートニク効果で、ソビエト科学に対して世間の関心が高まった時期があった。宇宙開発は広告塔の役割を果たす。

一九六〇年代に発行されていたロシア語学習雑誌『現代ロシア語』にも、理工系のための読み物や語彙集などがしばしば掲載されている。東大の教養学部にはロシア語に熱心な理工系の先生がいて、その先生の勧めで勉強した人もいたそうだ。

しかし、それも一九七〇年代にはすでに翳りが見える。学習雑誌も廃刊になるが、ロシア語を学ぶ学生も減っていく。それからは下降の一途。さらに現在では……。

もう語りたくない。

いや、ロシア語どころか、いまの理工系学生って、英語さえあまり熱心ではないのではないか。興味があるといっても世間のそれと変わらず、実際に外国語を仕事に活かすなんて、想像すらできないのかもしれない。いずれは英語で論文をでっち上げなければならないのに。

でも、ちょいと待て。考え方が逆かもしれない。

かつて理工系の学生が熱心に外国語を学んでいたほうが、むしろ不思議だったのではないか。じゃあ、その結果はどうだろう。おそらく、それほどうまくならなかった。英語はともかく、ロシア語が達者な理工系の専門家に、わたしは会ったことがない。

かつて、外国語が未来への鍵だった。外国なんてめったに行かれない時代だったから、外国語ができることで人生が開けるような気がした。だから熱心に学んだ。

いまでは誰もが外国へ行く。外国語の能力は関係ない。昔のように愚直に学ぶ人はいない。時間は戻らない。

何も知らないで現地へ行くよりも、ロシア語をせっせと勉強してランダウを少しずつ読むほうが、ずっと尊いことなのに。

軒先のロシア語理工書は、その後もしばらく山積みだったが、いつの間にかすべて消えた。

36

書に誤植の種は尽きまじ

「誤植」のことをロシア語でопечáтка［アピちゃートカ］という。あれこれ本を書いていると、誤植に関する苦い経験が年々増えてくる。

もともとそそっかしい性格なので、どんなに慎重を期したところで、どうしても間違えてしまう。もちろんよくないことなのだが、それればかり気にしていたら、何も書けない。

拙著『にぎやかな外国語の世界』（白水社）では、キャプションで間違いをやってしまった。図版の説明で「ノルウェー」となっているところが、「デンマーク」でなければならなかったのだ。大学院出立ての大学講師は、軽蔑に満ちた眼差しで、まるで鬼の首を取ったかのようにこれを指摘した。勝ち誇ったような彼の顔を見ながら、単著がないということは、なんと自信に満ちていることかと感心した。ただし羨ましくはない。

他人に指摘されるのもつらいが、自分で見つけたところで、胃の痛いことには変わりない。

町田和彦編『図説　世界の文字とことば』（河出書房新社）では、キリル文字のロシア語について分担執筆をした。出来上がった本が送られてきて、他の人が書いたものを興味深く読みながら、ふと自分の担当分に目をやる。図版には古文書の例として、旧ソ連の切手を使った。キャプションには「ロシア語による最古の文書『オストロミール福音書』」とある。

おいおい、ちょっと待てよ。これ、『オストロミール福音書』じゃないよ。『ルーシ法典』だよ。切手にも«Рýсская прáвда»［るースカヤ・プらーヴダ］って、はっきり書いてあるじゃないか。何やってんだオレ。しかも『ルーシ法典』といえば、かつての卒業論文のテーマだぞ。あわてて編集部にメールを書いたのだが……。その日は一日気分が優れなかった（後に訂正されました）。

しかしこのあたりは、キャプションである。決して誉められたことではないが、「すみません、ついうっかりしてしまいまして」などという、姑息な言い訳も不可能ではない（かどうかは定かでない）。だが、本文となるとそうもいかない。しかもそれが語学書だったら、学習者の手前、罪はさらに重くなる。

『ニューエクスプレス　ロシア語』（白水社）は、発売当初から売れ行きもよく、短い間に何度か版を重ねた。今では『ニューエクスプレスプラス』にリニューアルされている。旧ニューエクスプレスの初版では細かい間違いがあれこれ見つかったが、それも次の版には訂正できた。

ところがである。すでに四刷が決まってＯＫを出した後に、拙著を大学の教科書として採用してくださっているロシア語の先生から、編集部に問い合わせが来た。命令形についての説明が間違っているというのである。

あわてて該当箇所を確認する。「第二変化動詞の命令形」で、次のような説明があった。

不定形からтьを取り去ってтеをつけます。（五七ページ）

なんたること！　これは間違っている。それじゃсмотре́ть［スマトりぇーチ］「見る」の命令形が*смотре+теになってしまう。正しくは「不定形からитьあるいはетьを取り去ってитеをつけます」としなければならないのだ。

命令形の作り方は、不完了動詞一人称単数現在、あるいは完了体動詞一人称単数単一未来のかたちを基準とする。ポイントは語尾で、語尾にアクセントがあってしかもその前が子音であれば-иに、母音のあとに-юを持つものと単音節で-итьのものは-йに、語尾の前が子音で語尾-уまたは-юにアクセントがないものは-ьになる。このように詳細な場合分けが必要なのだ。

とはいえ、入門書ではそこまで説明できない。分かりやすいように簡略化する必要がある。それが失敗すると、このような恥ずかしい間違いとなってしまうのだ。

ああ、自己嫌悪。

「誤植」とはいうものの、現在ではワープロソフトで作った原稿をもとにゲラを作っているのであり、活字を組んでいるわけではないのだから、漢字の間違いも含めて、責任はすべて著者にある。だが、それではあまりにも著者の精神的負担が大きいので、担当編集者がその一部分を担ってくれている。本来、編集者にはまったく罪がないのに、共犯となってくれるわけで、本当にありがたい存在である。

ということで、本が出来上がったその日には、その喜びを編集者と分かち合いながらも、誤植が見つかりでもしたらガックリ落ち込むことになるので、わたしも編集者も本を開くことなく、完成品の装丁を愛でるに留め、あとは打ち上げに繰り出すのを常としている。

ところで、この本にопеча́ткаはありましたか。もしありましたら、そっと、いいですか、そっと知らせてくださいませ。

旧ソ連で切手になったヤロスラフ賢公の『ルーシ法典』。ヤロスラフ賢公も法典づくりの過程で誤字混入に不安をもっていただろうか。

決まらなかった瞬間

旧ソ連を一人旅していたとき、何よりも不便だったのは、外食産業が発達していないことだった。いまのロシアと違って、当時は旅行者がちょっとした食べ物を買おうにも、どこで売っているのかサッパリ分からない。しかも買い物の仕方が難しく、店内でもどこで誰にいくら払えばよいのか、戸惑うこともしばしば。コンビニに慣れた身にはつらかった。

だが、人間は学習するものだ。そのうち、買い物のコツが分かってくる。

たとえばアイスクリームがほしくなったとする。日本だったら店を探すところだが、それではうまくいかない。こういうときは街を歩きながら、注意深く観察するのである。

すると、アイスクリームを食べながら歩いているロシア人を発見する。うん、調子がいいぞ。とはいえ、この人に尋ねるには少々勇気がいる。話しかけようか迷っているうちに、アイスクリームを食べる人物をもう一人見つけた。すこし離れたところには第三の男。いつの間にか、アイスクリームを食べながら歩いている人が、そこら中にいるではないか。

しかし、ここであわててはいけない。さらに注意深く観察する。すると、アイスクリームを手にして歩く人は、ある一定の流れを作っていることに気づくはずだ。そこまで分かればしめたもの。その流れに逆らって道を進んでいけばいい。ヤマトタケルは川上から箸が流れてくるのを見て、人がいることに気づいた。わたしは人の流れをさかのぼれば、アイスクリーム店があることを経験から学んだのである。はたして数十メートルもいけば、屋台のアイスクリーム店にたどり着いた。

ロシアではアイスクリームが屋台で売られていることが多い。だから食料品店へ行ってもダメなのである。しかし屋台がどこに出店するかは、現地の人間でも分からないらしく、わたしと同じようにじっと観察を続けていた。店を見つけたら、列に静かに並ぶ。わたしもその列に加わる。列が進み、わたしの順番がやっと回ってくる。アイスクリームの種類はどうせ一つしかないのだから、迷いようがない。買うときには数字をいうだけでいいのだ。

Один《アヂーン》.「一つ」

売り子はこちらの顔をチラリと見る。あれ、何か間違ったかな。

Одно́《アドノー》, да《ダー》?「一つ、だね?」

ああ、しまった、間違えた! アイスクリームморо́женоеは形容詞型変化の中性名詞である。中性名詞なんだから、それにつける数詞「一」も、男性形のоди́нじゃなくて、中性形のодно́でなければいけないのだ。こんなの初歩の初歩じゃないか!

もちろん、通じることは通じる。だが、たった一語のセリフなんだから、文法も正しく決めたかった。アイスクリームに目の眩んだわたしは、一瞬の隙に奈落の底へ突き落とされた。

この「決まらなかった瞬間」は、生涯忘れることがないだろう。

ロシア語で怒鳴る

学生から院生の頃は、ロシア語通訳のアルバイトをしょっちゅうやっていた。学費を稼ぐ必要もあったが、自分の学んでいる言語を実際に使って、仕事をしたいという気持ちも強かった。

もっともよくやったのは、観光ガイド通訳である。旧ソ連から船で観光客が三〇〇人くらい、まとまって来日する。わたしたちはこれを東京の晴海埠頭で迎え、七〜八台のバスに分乗させて観光案内をする。東京の他にも名古屋、京都、大阪、神戸などへ出張した。

当時のソ連人観光客は、名目上は視察ということで来ている人が多かった。永年勤続などに対する、職場からのご褒美みたいなものだったのだろう。ただし、帰国後には報告の義務があるらしい。ということで、こちらが話す説明をメモしながら、びっくりするくらい真面目に聴くのだった。

もちろん買い物も楽しみにしていた。だが当時は、日本円にして一人一万五千円ぐらいしか持たせてもらえなかったので、それほど派手なことはできない。だからこそ、みんな買い物となると燃えてタイヘンだったのだが。

こうような経験を通して、大学の授業では絶対に覚えないような語彙を増やしていった。たとえば「ダブルカセットデッキ」двухкассéтный магнитофóнは、誰もが買いたがる人気商品だったので、いやでも覚えた。実際、いやだった。

マイクを握ることも覚えた。マイクというのは口の前に持ってくると息が当たって雑音が入るので、頬に当てるようにして話すとよい。バスの中ではもちろんだが、たとえば東京タワーへ見学に行けば、展望台まで昇るエレベータの中でも、案内嬢からマイクを受け取り、「本日は、東京タワーへようこそおいでくださいました。東京タワーは高さ三三三メートル、一九五八年に設営され……」というようなことを、マイクを通してロシア語で案内する。

しかし何よりも得がたい経験は、ロシア語で「怒鳴った」ことである。

別に怒り狂ったわけではない。ただ東京タワーのようなところでは、多少の自由時間は設けるものの、一定の時刻になったら、観光バスへ戻るように促さなければならない。そこで「そろそろバスへお戻りください！」などと大声を張り上げることになる。東京タワーには、他にも日本人観光客が大勢いるわけで、そんな中、ロシア語で大声を出すのは、はじめのうち、かなり勇気のいることだった。

外国語で怒鳴った経験のある人は、いったいどのくらいいるのだろうか。

通訳は恋のキューピッド

大学時代、アルバイトでロシア語通訳をあれこれやっていた頃のお話。

旧ソ連時代、ナホトカにある子どもキャンプ場に、日本の小学校高学年から中学の子どもを連れて行き、現地のロシア人と交流させるプログラムがあった。わたしはそこで通訳として、ひと夏を過ごすことになる。

通訳といっても、仕事は指導員間の打ち合わせなど、大人向けが主であった。子どもたちはお互い勝手に交流している。ことばがなくても、通じ合える部分が少なくないのだ。ときどき、何か誤解や行き違いが生じそうになったときだけ、少々手助けしてやればよい。

子ども同士とはいえ、単に仲良くなるだけでない。ときには恋が芽生えることもある。こういうときに積極的なのは、必ずロシア人であった。

しっかり者のイリーナちゃん（仮名）はヒロシくん（仮名）のことが好きになった。日本人男子の中でも、とくにボーっとしていて、いつでも口が半開きの彼のどこがいいのか、こちらには皆目見当もつかないのだが、彼女は常に情熱的であった。いつでもヒロシくんの手を握って離さない。あるときわたしは、ベンチで仲良く座っている二人を目撃した。見て見ぬふりをして通り過ぎようとしたのだが、イリーナちゃんがわたしを呼びとめる。

「あのね、ちょっと通訳してほしいの」

はいはい、どんなご用でございましょうか？

「ヒロシがあたしのことをどれだけ深く愛しているか、確かめてくれない？」

……つき合ってらんねえ。

だが、いつもうまくいくとは限らない。

たとえばイワンくん（仮名）。キャンプ場で人気ナンバーワンのロシア人男子といえば、間違いなく彼だった。明るくて、やさしくて、サッカーが上手で、小柄だけどすごいイケメン。男女を超えて誰からも愛され、もちろんわたしも彼とは大の仲良しだった。

だが、そんなにも目立つ彼が恋の相手に選んだのは、日本人女子の中で誰よりも地味なナミちゃん（仮名）だったのだ。

ナミちゃんはとてもよい子だった。いつも静かだけど、よく気のつく子で、たとえばみんなが干しっ放しにした洗濯物を、一人で取り込んで畳んでおいてくれる、そんなやさしい子だったのである。だがそれは、歳が離れたお兄さんの見解。ナミちゃんは残念ながら、外見には恵まれていなかった。色が黒く、だいぶ太めだった。このような子が同世代から理解されるまでには、残念ながら時間がかかる。

そんな彼女のことを見初めたのが、他ならぬイワンくんだったというわけだ。

このニュースは日本の子どもたちの間で大騒ぎとなった。女の子たちは「なんで?」といった感じで、どうにも納得いかない様子。男の子たちの感想は「イワンっていいヤツだけど、趣味はよく分かんねえな」。

だが誰よりも意外に思ったのは、他ならぬナミちゃん自身だった。

日本でモテたことのない彼女にとって、一番人気のイワンくんがどんなに真剣に愛を告白しても、どうにも信じられない。素直に受け入れることができないのだ。イワンくんはことばが通じないながらも、彼女の手を握って目を見つめながら、英語で I love you. と囁いたり(よーやるよ)、ハートをたくさん書いたカードを渡したりして、なんとか気持ちを伝えようとするのだが、ナミちゃんは彼を拒絶してしまうばかり。

万策尽きたイワンくんは、涙ながらにわたしに訴えてくる。

「ナミにはボクの心が届かない」

よーし、ここはひと肌脱ぐとするか。

ここで通訳の黒田さんは、「恋のキューピッド」に早変わり。ロシア人や日本人の間を走り回り、デートの場をセッティングしたり、通訳して誤解を解いたり、詳しいことは省略するが、とにかくこの二人の恋をまとめ上げたのである。

日本へ帰国する日、二人は涙を流しながら別れを惜しんでいた。

うんうん、これでいいのだ。

通訳はときに、こんなこともするのである。

＊
＊＊

これには後日談がある。

この仕事が終わり、帰国してからしばらくたったある日。ナミちゃんから手紙が届いた。

「黒田さん、ナホトカではいろいろお世話になりました。それで、イワンに手紙を書いたのですが、訳していただけないでしょうか」

手紙には千円札が一枚と、キャンプ場の美人指導員の水着姿の写真が同封されていた。

問題はその手紙の内容である。中学生くらいの女の子が恋焦がれながら書いた手紙は、とにかくスゴい。

「イワン、わたしはあなたと別れてから、毎日あなたのことを思い出しては泣いています……」

数行ほど訳して、なんだか熱が出てきた。便箋二枚ほどの短い手紙だったのだが、訳し終えるまで数日かかった。つらい。

それにしても、今回はいいけれど、この後ずっとこの調子で翻訳を頼まれてはかなわない。そこでわたしから、イワンくんにはロシア語で、ナミちゃんには日本語で、それぞれメッセージを添えるとした。

Чéрез перевóдчика трýдно передáть любóвь. 通訳を通して愛を伝えるのは難しい。

それから千円はナミちゃんに送り返し、水着姿の写真だけを翻訳料としていただくことにした。

手紙が来たのは、後にも先にもそのとき一回限りだった。

＊＊＊

あれから三〇年以上が経過している。二人がその後どうなったかは、知る由もない。

だが、結果なんてどうでもいい。どちらにとっても、こんなカッコいいエピソード、将来は子にも孫にも自慢できるではないか。

そのお役に立てたのなら、通訳としては光栄の極みである。

秘密のキノコ

ロシア人はキノコが好きだという。キノコ狩りはサッカーよりも熱狂する国民的スポーツだ、という話すら聞いたことがある。キノコが大好きなわたしにとっては嬉しいことだし、実際、ロシアで食べるキノコはおいしい。

ロシア語で「キノコ」はгриб［グリープ］という。音だけでは「インフルエンザ」を表すгриппと同じになってしまうが、状況が違うから間違えることはない。そもそもキノコは複数で使うことが多いから、грибы́［グリブィー］のほうを耳にする。さらにロシア語には「キノコを集める人」「キノコが好きな人」という意味のгрибни́к［グリブニーク］なんていう珍しい単語まである。キノコが身近な証拠だ。

当然ながらキノコにはいろいろな種類がある。ロシア人が珍重するのは「白」бе́лый［ビェールィ］で、キノコが好きだというと、必ず「じゃあ、бе́лыйは食べた？」と尋ねられる。残念ながらいまだに未経験で、名前からして色は白いんだろうくらいしか想像がつかない。是非とも試してみたいのだが。

ロシア人とキノコについて、こんな思い出がある。

あるとき、日本の対ソ連友好団体から頼まれて、大使館職員の夫人たちばかりで行く日光の紅葉狩りに同行することになった。お金が出るわけではなかったが、「お弁当が出るから」ということばにそそのかされ、遠足気分で気軽に付いて行ったのである。仕事じゃなければ気楽だ。

ところが大使館が用意したバスは、日光市に着くとまずは市庁舎へ。立派な応接室へ案内され、三〇人近くがぞろぞろ入って席に着くと、日光市長が歓迎のあいさつを始める。あれれ、誰が通訳するのだろうと辺りを見回していると、

「クロダさ〜ん」

ということで、急遽仕事となってしまった。やられた。

その後の日光見物も、市の職員が同行するというサービスぶり。大使館員ともなると、遠足もだいぶ違うのである。

バスの車窓からは、いろは坂の見事な紅葉が見える。やっぱり来てよかったな。そんなことを考えていると、ロシア人の一人から質問があった。

「この山にはどんなキノコが生えるのですか?」

さっそく市職員に尋ねてみる。

「えっ、キノコですか? さあ、どうでしょう。そんなもの、ないんじゃないでしょうかね」

この言葉を素直に通訳したのだが、ここでロシア人はざわつき始める。

「そんなバカな。これだけの山だったら、キノコは絶対にあるはずだ」

彼らの意見をいくら伝えても、市職員は困るばかり。どうやら地元では、キノコに興味が本当にないらしい。

するとロシア人の一人が、急にこんなことをいい出した。

「分かったわ。つまりсекрéт［スィクりぇート］なのね」

секрéтとは英語のsecret、つまり「秘密」である。

「そういやそうね。わたしたちだって、キノコのある場所は、人に教えないものだし」

「そうそう。それなら分かるわ」

みんながそんなことをいっている。市職員が、

「いや、そういうことではないんですが……」

と弁解しても、時すでに遅し。そうね、キノコは秘密よね、これは質問したほうが悪かったわ、わたしたちも大人だから、これ以上は詮索しませんと、勝手に納得してしまったのである。

キノコの場所は秘密。これはどこの国でも共通の常識らしい。

わたしは一度でいいから、ロシアでキノコ狩りをしてみたい。ロシア人と一緒に森へ出かけ、自分でキノコを、できれば「白」を見つけてみたいと夢見る。

でもおそらく、森の入り口で単独行動になった後は、いくら探してもまったく見つけられず、戻ってみればロシア人だけがたくさん採ってきているのだろう。いったいどこでそんなたくさん見つけたのかと質問しても、「いや、そこらへんで」とかいって、決して教えてくれない。そんなふうに想像してしまうのだ。

だって、キノコは秘密なのだから。

「召し上がれ」を巡る奇妙な物語

Приятного аппетита! 「プリヤートナヴァ・アピチータ」という表現がある。これは食事をする人に対して使うもので、日本語にはピッタリ対応するものがないのだが、敢えて訳せば「おいしく召し上がれ」といったところだろうか。いわれたら、ふつうに「ありがとう」Спасибо! と返せばよい。以下は、ラテンアメリカからモスクワへ留学中していたアントニオ・ペレスくん（仮名）の話である。

＊＊＊

ボクがはじめて留学したときには、ロシア語なんてほとんど知らず、あいさつがほんのすこしできる程度だったんだよ。今にして思えば、もうちょっとやっておくべきだったんだけどね。

モスクワでの第一日目。大学寮に入る手続きをしたんだけど、ことばが分かんないものだから、とにかくタイヘンだったよ。やっとすべてが完了し、気がつけばお昼どき。お腹がとても空いていたので、学生食堂へ行くことにしたんだ。

学生食堂はセルフサービス方式で、好きなものを取ってトレイに載せ、あとはレジでお勘定をするだけ。ことばの分からないボクには、すごく助かった。

空いているテーブルを見つけて、さっそく食べ始めようとしたんだけど、そのとき学生が一人近寄ってきて、何かを話しかけるんだ。どうやら、向かいのテーブルに座ってもいいかと尋ねているらしい。どうぞと身振りで答え、今度こそ食べようとしたら、その学生がこんなことをいうんだよね。

Приятного аппетита!

もちろん、今では意味が分かるよ。でも当時はさ、さっきもいったけどロシア語がほとんどできなかったので、何をいわれているんだか、皆目見当もつかなかったんだ。それでとっさに、もしかして初対面の相手に名前を尋ねているのかなと考えて、こう答えたんだ。

「アントニオ・ペレス」

今にして思えば、相手は怪訝な顔をしていたんだろうけど、こっちはそれどころじゃないからね。とにかく食事にありついた。

ところがこれで終わりじゃないんだ。

夕食のとき、他に食事するところも知らないから、再び学生食堂に行ったんだけど、またしても同じことが起こったんだよ。トレイに食べ物を乗せてテーブルに着き、いざ食べ始めようとすると、向かいに座った学生が同じことをいうんだ。

Приятного аппетита!

なんだって人が食事をしようってときになると、名前を尋ねてくるんだろう！　まあ、とにかく「アントニオ・ペレス」って答えたわけさ。

さて、夜になったら、留学して数年になる先輩が大学寮に帰って来た。その先輩の部屋へあいさつも兼ねて遊びに行き、ついでにПрия́тного аппети́та! のことも尋ねてみたんだ。

もちろん、先輩からは大笑いされた。そりゃそうだよね。「おいしく召し上がれ」っていわれているのに、いちいち名前を名乗ったりして、ホント、バカみたい。恥ずかしいったらなかったよ。

だから翌日の朝食のときは、名誉挽回とばかりに、こんどはこちらから声をかけてみることにしたんだ。

学生食堂に行くと、留学生らしい男性が一人で食事をしようとしていた。そこでボクは、わざと彼の向かいに座ることにした。そうして彼が食べ始める瞬間を狙って、声をかけてやったね。

Прия́тного аппети́та!

そうしたら、相手がなんて答えたと思う？

「アントニオ・ペレス」

＊＊＊

注——彼は常に冗談をいっているような男だったので、決して真に受けないように。

サハリンのグラス

アイスコーヒーを飲むとき、我が家ではサハリンのガラス工場のおじさんからもらったグラスを使う。ヨーロッパ製のものと比べると、ずいぶん分厚くて重たい武骨なガラスで出来ているのだが、そういうどっしりした感触も、それはそれで悪くない。

一九九〇年代だったか、サハリンの州議会議長のアテンド通訳をしたことがある。それだけ偉い人が来るとなると、先方からもさらにお付きの者が二人同行して、どちらもが日本語を話した。

そのうちの一人が、ガラス工場に勤めるおじさんだった。おじさんは朝鮮系だったが、その日本語が非常にうまかったことは、いまでも鮮明に覚えている。

このおじさんの日本語の見事さは、年齢にふさわしい「おじさんことば」を話すことにある。

夕食のとき一緒に飲んでいると、「黒田さん、最後にお茶漬けをいきましょうか」といわれてビックリした。日本語の動詞「いく」の使い方がなんとも適切で、しかも自分の歳にふさわしい語彙を選択している。心の底から感心した。

よくよく聞いてみれば、小学校六年生までは当時の樺太の日本語学校で教育を受けたという。なるほど、むしろロシア語を学習するほうで、苦労したんじゃなかろうか。

終戦後、日本人の多くがサハリンを引き揚げて、日本語を使う機会はなくなったが、彼は忘れないように、ラジオ放送を聴き続けたそうだ。NHKの朗読の時間がお気に入りだったという。

「よく妻に、『聴きなさい、これが日本語の美しさなんだよ』と教えてやったものです」

こういう話を聴かされると、不思議な気分になる。当時、美空ひばりが亡くなったことをとても悲しんでいた。いかにも世代に相応しいではないか。

言語を学ぶときは、できれば自分の年齢にふさわしいものを学びたい。だが、なかなかそうもいかないのが現状である。いい年をしたおじさんが、二十歳そこそこのお嬢さんからことばを習って、大丈夫なのかなと不安になることがある。もちろん、その逆も心配だけど。

サハリン在住で、朝鮮系で、しかも日本語を話すなんて、かつてはどれ一つとっても悪条件であり、いろいろとたいへんな経験をしたことが想像される。ペレストロイカからソ連崩壊と激動の中で、状況は大きく変わったといっていた。

おじさんは、ガラス工場ではなかなか偉くて、工場長なのだという。ロシア人の部下もたくさん抱えているそうだ。

「職場では部下からアレクサンドル・イワーノヴィチАлекса́ндр Ива́новичって呼ばれていますね」

おじさんのロシア名はアレクサンドルАлекса́ндрらしい。そういえば同行者が彼のことをサーシャCа́шаと呼んでいた。サハリンの朝鮮系の人がロシア名を持つのは、べつに珍しいことではない。

「じゃあ、お父さんはイワンИва́нだったのですか」

「いや、そうではありませんが、ロシア人にとっては父称がないと呼びかけにくいので、適当にイワーノヴィチИва́новичにしました。いちばんありふれていますからね。結構いい加減なものです」

こんなことをいって笑っていた。どんなときにも、決してことばを崩さない人だった。

その後おじさんがどうしているのか、何も知らない。

サハリンのおじさんからもらったグラス。激動の歴史の中で生きてきた彼の日本語能力は驚くほどすばらしかった。

ヘルシンキにて

フィンランドの首都ヘルシンキ。プラハへの経由に加え、すこしは町を見たいと考えて、二泊したことがある。小さな町なので、二日あれば充分に見ることができた。本当はフェリーに乗って、エストニアの首都タリンまで日帰り旅行をしたかったのだけど、生憎ひどい天気で、これは次回のお楽しみとなった。

ヘルシンキではロシア語を見かけることが多い。考えてみれば隣の国だから、人や物の交流が多いのは当然である。逆にペテルブルグでは、フィンランド語の広告や看板をよく見かけた。

ヘルシンキにはロシア正教の大聖堂があるのだが、その近くに喫茶店があって、よく見れば店先にはピロシキなどのメニューがロシア語で書かれている。お腹は空いていないけど、お茶でも飲もうかと中に入った。

注文するときには、英語だったかフィンランド語だったか、よく覚えてないのだが、コーヒーが来たとき、ウェイトレスにロシア語で聞いてみた。

ヘルシンキにロシア語新聞はありますか。

ウェイトレスはちょっとだけ驚いた顔をしたが、そばに積んである新聞の束からロシア語紙を渡してくれた。

「これは地元の情報紙ですけど、ロシア語ですよ」

へー、いいなあ。どこで売っていますか。

「あら、もう古いからこんなの差し上げますよ」

ということで新聞を二部もらう。

喫茶店のすぐ隣には土産物屋。マトリョーシカがたくさん並んでいて、いかにもロシア風。店員の女性が二人いたが、一人はお客の相手で忙しい。もう一人のほうは暇そうにロシア語の雑誌を読んでいる。彼女に尋ねてみよう。

すみません、ヘルシンキにはロシアの商品の買える店がありますか。

思いがけずアジア人からロシア語を聞いて喜ぶ彼女。すこし離れているが、ロシア大使館のそばにそういう店のあることを、ていねいに教えてくれた。

本当は市電を使えばいいのだろうが、こちらも時間はたっぷりあるので、せっせと歩いて目的の店までいった。目立たないひっそりとした店構え。確かにロシアの食品や本、雑誌などが並んでいる。

ここでクワスKBacのペットボトルを発見。クワスはロシア伝統の清涼飲料水で、黒パンを発酵させて作る。わたしもカミさんも大好きなのだが、外国ではなかなか手に入らない。せっかく見つけたのだから、是非とも買いたいのだが、サイズがずいぶんと大きい。明日は出発なので、これでは困ってしまう。

そこへロシア語で声がかかる。

「もうすこし小さいのもありますよ」

ここの店員さんも、もちろんロシア人。ありがたい。それを買い、しばらくロシア語でおしゃべりをした。

珍しい相手とロシア語で話ができて、お互いに満足だった。

夜、ホテルの部屋で飲んだクワスにも、やっぱり満足だった。

もしかして、ロシアの方では

ドイツのライプツィヒに行ったときのこと。

観光名所の一つにロシア正教会があったので、訪ねてみた。教会内は薄暗く、蠟燭の炎だけがゆらめく静かな空間。落ち着く。

そこへ突然、どこかの団体がドカドカと入り込んできたと思ったら、いきなりフラッシュをたいて写真撮影を始めた。ずいぶんうるさくなってきたなと、顔をしかめていたところに、一人の女性が彼らに向かって注意した。見れば、教会の購買部で蠟燭を売る人。その毅然とした声に、団体は黙り込んだ。

それにしても、こういうときに物怖じせず注意するのは……。

思い切って声をかけてみることにする。

もしかして、ロシアの方ではありませんか。

すると、さっきまであんなに厳しそうだった女性の表情が急に和らぎ、ニコニコしながら静かに答えた。

「そうですよ。あなたはどちらからいらしたのですか。まあ、日本ですって。ずいぶん遠い国。それにしても、どうしてロシア語が話せるのですか」

ロシア語ができると、こういう経験をときどきする。国連の公用語で、言語人口がベストテンに入る大言語とはいいながら、話者の分布は非常に偏っている。国の外に出たら、みんなマイナー意識を持っているのだ。だから見るからに外国人であるわたし（東洋系でロシア語を話す人は、本当は珍しくないのだが）がロシア語を話せば、みんなとても喜ぶ。

チェコの温泉地カルロヴィ・ヴァリ（ドイツ語名カールスバート）。

チェコ語セミナーの遠足で出かけたとき、道端で楽団がロシア民謡ばかり流していた。見れば服装もロシア風。

もしかして、ロシアの方ではありませんか。

楽団のメンバーたちは演奏を止め、嬉しそうに話しかけてくる。

「いや、本当はウクライナなんだけどさ。それにしても、あんたはロシア語が話せるんだね。へぇ、ウクライナ語も話せるの。えっ、日本人なの。こいつは驚いた」

やっぱり嬉しいのだ。思わぬところでロシア語が聞けると、わたしだって嬉しい。

だが、奇妙な経験をすることもある。

プラハでロシア語の新聞を買ったら、売り子のニイちゃんがこういった。

「スパスィーボ」

彼はチェコ人のはず。それなのに、なぜかロシア語。それに加えて問題は最後の「ボ」。アクセントのないoは「ア」だから、「スパスィーバ」にしなければいけない（第iii章を参照のこと）。まったく、発音が悪いなあ。

こういうところで、教師根性が出てしまう。

それにしても、ロシア語の新聞を買っただけなのに、どうしてロシア語でお礼をいうのだろうか。もしかして、わたしを旧ソビエト国民だと思ったのかな。

モスクワへようこそ！

モスクワでもっとも有名な建築物といえば、赤の広場 Крáсная плóщадь にある聖ワシーリイ寺院 Храм Василúя Блажéнного に間違いない。

十六世紀、ロシアがカザン汗国に勝利した記念として、イワン雷帝が造らせたものである。タマネギ状の屋根が九つあり、ユニークで美しい、あの建物だ。ときどき、この聖ワシーリイ寺院のことを「クレムリン」だと信じている人がいる。違いますよ。雷帝はこんなにも美しい建物が再び建造されることのないように、建築家たちの目をくり抜いたという、恐ろしい言い伝えまで残っている。

どこの国でも見所はある。日本でも「日光を見ずして結構というなかれ」というではないか。これはロシア語で次のように訳すのが定番である。

Кто не вúдел Никко, тот не знáет прекрáсное.　日光を見たことのない者は、美しさを知らない。

この日光Никкоの部分をいい換えれば、いろいろと応用が効く。「聖ワシーリイ寺院を見ていない者は、美しいものが分かっていない」といいたい。

学生時代から院生時代にかけて、ロシア語通訳添乗員のアルバイト代で学費を払っていたわたしは、この聖ワシーリイ寺院に何度も訪れた。中に入ることはめったになかったが、これを見ないことはあり得ない。モスクワ観光のシンボル。いつでも愛想よく「モスクワへようこそ!」と微笑みかける。

市内を観光するときは、たいてい現地ガイドといっしょに仕事をする。ロシア人ガイドが日本語で説明して、わたしはそれをときどきフォローすればいいというのが、通常のパターン。

だが、いつでもそうとは限らない。

あるとき配属されてきたのは、内気そうな青年だった。話し方もボソボソしている。観光業は接客商売なのに、こんなんで大丈夫だろうか。少々心配になったが、とりあえず日本人観光客とともにバスへ乗り込む。

前の席に並んで座り、マイクを手渡そうとするのだが、彼は受け取らず、わたしに向かってボソボソとロシア語で話し始めた。

「モスクワが初めて年代記に登場するのは一一四七年で……」

いや、わたしは知っているからさ、それを日本語でお客さんに説明してくれないかな。

「ダメだよ」

なんで?

「ぼくは英語とトルコ語の通訳だから」

……季節は観光シーズンのピーク。インツーリストは日本語ガイドが足りなくて、こんなヤツを回してきたのだ。やられた。今日はわたしが通訳だ。

といっても別に焦らない。モスクワ観光はすでに何回も経験しているので、ルートも分かっているし、ポイントも知っている。任せてちょうだい。

ポイントの一つが先ほどの聖ワシーリイ寺院だ。バスの窓から眺めるとき、誰もが注目する建物なので、写真を撮るために運転手にスピードを落としてもらいつつ、簡単に説明をする。

そのときは一行の中に男の子が一人いたのだが、この聖ワシーリイ寺院に大感激した。

「黒田さん、すごい建物だねぇ」

そうだね、本当にすごいね。

「ぼく、あんなところに住んでみたいな」

かわいいことをいう。思わず笑ってしまった。あんまり可笑しいので、隣のボソボソ通訳にこのことを話す。日本語ができないから、お客さんと直接にコミュニケーションは取れないけれど、せめてこれを聴いて、笑って、すこしはリラックスしてほしい。

ところが、彼は暗い声でこういった。

「いや、あそこはダメだよ」

えっ、なんで？

「冬は寒いから」

コイツ、観光通訳には絶対に向いていない。ワシーリイ寺院に見習って、もうちょっと愛想よくしてくれ！

文学者マトリョーシカ

「ロシアこけし」ともいわれるマトリョーシカматрёшкаは、おそらくロシアのお土産№1だろう。入れ子型の木製人形で、中には一回り小さい人形が次々と入っている。それほど古くからあるものではなく、その歴史はせいぜい百年くらいで、一説によれば、日本の箱根細工にヒントを得て作られたという。

マトリョーシカはスカーフを被った女性のモチーフが一般的だったが、一九八〇年代後半あたりから、バリエーションが増え始めた。

有名なのが「政治家マトリョーシカ」である。ゴルバチョフГорбачёвを開けるとブレジネフБрéжнев、その中にはフルシチョフХрущёв、そのまた中にはスターリンСтáлин、さらにはレーニンЛéнинといった具合で、旧ソ連の歴代指導者が次々と入っているのだ。いかにもペレストロイカ時代の産物である。

だが、政治家が描かれた人形を飾る趣味はわたしにない。かわいくないどころか、不気味だ。それよりもほしかったのが「文学者マトリョーシカ」だった。

ロシア語通訳で旧ソ連を訪れたときのことである。ペテルブルグはまだレニングラードと呼ばれていたが、その町で自由時間がポッカリできたので、一人で散歩することにした。

いまではどこの地区だったか記憶も定かでないが、土産物などを売る露店がたくさん出ている通りがあった。ひやかしに眺めていると、ほしいと思っていた「文学者マトリョーシカ」が目にとまった。

手にとって開けてみる。外側はドストエフスキーДостое́вскийで、中にはトルストイТолсто́й、さらにプーシキンПу́шкин、ゴーゴリГо́голь、チェーホフЧе́хов、レールモントフЛе́рмонтов、ブロツキーБро́дский（日本では馴染みがないが一九八七年にノーベル文学賞を受賞した詩人）と続く。人形の胸のところに名前が書いてあり、それがラテン文字なのが残念だったが、これまで見た中でいちばん出来がよい。ロシア語の授業でも使える。是非ともほしい。

値段を尋ねれば二五ドルという。ちょっと高いな。露店なんだから、交渉すればすこしは負けてくれるかもしれないぞ。ということで、あれこれ話をして、根気強く値引き交渉をすることにした。

ところがこの店主、ガードがなかなか固く、一向に負ける気配がない。長いこと粘っているうちに、すっかり話し込んでしまった。こういう人とおしゃべりをするのはそもそも珍しいが、いちばんおもしろかったのは、どうして露店でマトリョーシカを売るようになったかという話だった。

「もともとは美術館の学芸員だったんだ。絵画が好きだしね。でも、学芸員の仕事っていうのは、タイヘンでさ。座りっぱなしだから腰も痛いし、見学者を監視していなけりゃならないから居眠りはできない。退屈このうえないのに加えて、この頃では給料の遅配が頻繁になってきて、これじゃ喰えないと思っていたんだ。そんなところへ知人から、マトリョーシカに絵を描いて売らないかって、もちかけられたんだよ。絵を描くのは好きだったし、絵付け前の人形は知人が調達してくれるっていうから、この商売を始めたわけさ」

なるほどねえ。ペレストロイカ時代は政治こそ自由になったものの、経済はかなり混乱していた。学芸員のような地味な公務員は生活が苦しくなり、こんなアルバイトをして生き延びていたのか。たかだか二五ドルのマトリョーシカを負けてもらおうなんて、少々厚かましかったかな。

なんて考えていたら、店主曰く、

「あの、悪いんだけど、ちょっとトイレに行ってくるから、店番していてくれないか？」

こうして、わたしは十分ほど店番をすることになってしまった。

やってみると、これがなかなかおもしろい。外国人観光客には英語でにこやかに話しかけ、きたない手で商品を触る地元の子どもは追い払う。

Отойди́!《アタイヂー》「あっちへ行きな！」

貴重な経験である。

さてマトリョーシカはといえば、結局二五ドルで買い、これは今でも部屋に飾ってある。安くはなかったけど、このエピソードと、店番した珍しい経験とを合わせれば、それ以上の価値があったのではなかろうか。

期末試験の頃

もうすぐ夏休み。前期の期末試験が近づくと、ロシア語学科二年生だったころを思い出す。

ロシア人講師パヴレンコ先生は、テストもソビエト式だった。すなわち、テスト会場が用意され、先生は指定した日の朝十時から夕方十六時までそこで待っている。われわれ学生は会場へ行って、用意されたカードを一枚引き、そこにある問題に答えるという形式。ただしカードを引いてから答えるまでに、考える時間がしばらくある。焦ることはない。

それなのに、クラスメートはみんな焦っていた。苦しみは早く済ましてしまおうと、朝十時過ぎには大半が集合して、順番待ちをしている。先生も内容や表現を細かくチェックしながら、かなり突っ込んだ質問をしてくる。誰もがガックリと疲れて、なんとかテストを終える。

わたしはそんなことしない。

まず、テスト会場には十五時五〇分、すなわち終了の直前に行く。その頃にはみんな終わっているので、順番待ちをしなくて済む。

手ぶらでは行かない。自販機で買ったホットコーヒーが二つ。一つは自分用で、もう一つはパヴレンコ先生用。

「先生、コーヒーをどうぞ」

「あら、クロダさん、ありがとう」

「先生は砂糖もミルクもなしの、ブラックでしたね」

こういうことは事前にちゃんとチェックしておく。疲れている先生は、コーヒーをおいしそうに飲む。

「ああ、今日はたいへんだったわ。でも、あなたで最後ね。それではさっそく……」

ここですぐにテストへは持ち込ませない。

「ところで、今日のみんなはどうでしたか？」

「それがね、何人かはすごく緊張していたの。ヤマモトくんなんて、手が震えていたわ」

「おやおや、ヤマモトもしょうがないですねえ……」

まずは軽く世間話。

「じゃあ、テストを始めましょうか」

ここで次の話題。

「ところで先生、娘のマーシャちゃんはお元気ですか？」

「それが聞いてよ、マーシャったらこの夏休みに友だちとキャンプに行くとかいい出して、わたしはもう心配で……」

ここで、先生の愚痴をしばらく聞く。

これが終わってから、やっとテスト。わたしはときどき間違えるのだが、先生も疲れている。「まあ、このくらいでいいわ」ということで無事終了。

クラスメートみんなから、クロダはずるいといわれた。

そうかもね。

そうそう、以上の会話はすべてロシア語である。

映画の字幕でアルバイト

ロシア語に関係するアルバイトは、いろいろと経験した。ビンボーな学生・院生時代は、それで食いつなぐ必要があったからだが、それだけでなく、自分の学んだ言語を活かした仕事を、たくさんしたかった。

大学四年生のとき、友だちが映画の字幕作りのアルバイトを一緒にやろうと持ってきた。字幕といってもすでに劇場公開用に出来ている作品を、ビデオ化するに当たってチェックするだけ。ゼロの状態から作るよりはるかに楽だ。映画配給会社に一日行って、向こうのスタッフと打ち合わせながら、直していくだけいい。

前もって台本のコピーが渡された。内容は戦争映画。よく分からない軍事関係の用語が出てくる。だいたい、映像なしの台本だけでは、イメージがロクに摑めない。苦労しながら読んでいるうちに、当日になってしまった。

会社側はロシア語の分かる人がいない。何を持って行こうかと考えたのだが、台本はどうせ友だちが持ってくるので、わたしはオジェゴフÓжеговの『詳解ロシア語辞典』*Толко́вый слова́рь ру́сского языка́*だけを抱えていった。

オジェゴフのロシア語辞典は、ソビエト時代から現在に至るまで使われている、標準的な国語辞典である。説明はすべてロシア語。中級以上になって引くと勉強になる。ただしやたらと大きな辞書で、しかも重い。

映画配給会社に行くと、試写室に案内された。スタッフはおとなしそうな若い男性が二人。席を勧められて座るとき、わたしはオジェゴフの辞典をテーブルの上に、わざと音が響くように置いた。

バーン。

その場に緊張が走る。

それから腕を組んで、わたしは静かにこういった。

「どうぞ、はじめてください」

ハッタリもはなはだしい。オジェゴフの辞典なんて、岩波国語辞典程度のもので、威張るには値しない。しかし学生バイトだからとナメラレテはいけないので、精一杯虚勢を張ったのである。友だちはちょっとビックリしたが、すぐに察して、調子を合わせてくれた。そのあとは最後まで威厳を保ちつつ、真面目に仕事をした。

そんなことはすっかり忘れていたのだが、先日ＣＤショップでその映画がＤＶＤ化されているのを発見した。わたしがチェックしたものに間違いない。ああ、なんとも恥ずかしい。

でも名前は出ていないはずだから、気がつくのはあの友だちしかいない。

人は誰でも間違える

授業中。ロシア語の単語テストを始めたら、ある学生がこういった。

「すみません、ペンを忘れました。貸してください」

しょうがないなあ。じゃあ貸すから、「ペンを貸してください」ってロシア語でいってごらん。

「Да́йте《ダーイチェ》 ру́чку《るーちクゥ》.」

よろしい。ペンру́чкаはру́чкуと正しく対格になっているし、命令形も大丈夫。来週から忘れないようにね。

「先生、わたしも。Да́йте, пожа́луйста《パジャールスタ》, каранда́ш《カらンダーシュ》.」

おっ、こんどはエンピツкаранда́шか。主格と対格が同じ形だから楽だけど、пожа́луйстаをつけて丁寧だし、よしとしよう。

「先生、ボクも」

まだいるのか。ロシア語でちゃんといえたら貸すよ。

「Да́йте мне《ムニュー》, пожа́луйста, зо́нтик《ゾーンチク》.」

……「わたしに」мнеをつけるのはいいけどさ、君、自分で何をいってるか、分かってる？

「ええ、筆記用具を忘れたので、借りたいと思って」

でもさ、зо́нтикじゃテストの役に立たないと思うけどなあ。

だって「カサ」のことだもん。

ちょっとした勘違い、うっかりしたミス。人は誰でも間違える。わたしだってしょっちゅうだ。

ＮＨＫラジオ講座を担当していたときのこと。収録は毎月のテキストのゲラを見ながらおこなうのであるが、あるとき、すさまじい間違いが新出単語の中にあった。

×ру́чка：寒い

どうかお願いですから、間違えて覚えないでください。ру́чкаは先ほども出てきましたが「ペン」であり、一方「寒い」はхо́лодно《ほーラドナ》といいます。まったく似てないし、そもそも品詞が違う。わたしは原稿をコンピュータで作るとき、コピー・アンド・ペーストしながら必要箇所を直していくので、訂正を忘れるとこのようなとんでもない間違いになってしまう。

ここまですさまじい間違いだと、もう笑うしかない。このことがあって以来、共演者の藤枝エカテリーナさんと二人で、収録の合間にこの誤植をネタにして、ふざけて会話することが流行った。

「カーチャ、このスタジオってすこしру́чкаじゃない？」

「大丈夫です、わたしにはкаранда́шだから」

みなさんは絶対に真似しないように。

旧ベルギー領コンゴとソ連

東京・銀座のCDショップに立ち寄ったところ、一枚のCDが目にとまった。『旧ベルギー領コンゴ地方の伝統音楽』。解説によれば、一九三五～三六年におこなわれたフィールド調査の際に収集された録音であるという。視聴はできないが、是非ともほしくなってしまい、結局これを買い求めた。

アフリカの音楽にとくに興味があるのではない。それよりも惹かれたのは「旧ベルギー領コンゴ」（現コンゴ民主共和国）である。

子どもの頃、植民地時代のアフリカ大陸の地図をよく眺めていた。一九六〇年代に多くの国が独立する前は、ヨーロッパの列強に支配されていた様子が、宗主国ごとに色分けされている。その真中にあるのが旧ベルギー領コンゴであった。

そもそもベルギーは、一八三〇年にオランダから独立した比較的新しい国。どう考えても列強という感じがしないこの国が、アフリカ大陸で大きな植民地を持っている。そのアンバランスさがとても不思議で、昔から気になっていた。

もう一つ、旧ベルギー領コンゴといえば、パトリス・ルムンバPatrice Lumumbaである。ルムンバはコンゴ国民運動の指導者で、一九六〇年に初代首相となった人物。アフリカ独立運動のシンボル的な存在だった。だが翌一九六一年には殺害されてしまう。

いったいそれがロシア語と何の関係があるというのか。実はそのパトリス・ルムンバの名前を、旧ソ連の民族友好大学Университéт дрýжбы нарóдовがつけていたのである。

旧ソ連では総合大学университéтは一都市に一校が原則だったが、モスクワだけは例外で、モスクワ大学の他にも、民族友好大学があった。この民族友好大学は、かつてアジア、アフリカ、ラテンアメリカの友好国から留学生を招き、共産主義指導者を養成していたのである。日本からもこの大学で学んだ人がいる。一九九二年にはロシア諸民族友好大学と名称が変更されている。

旧ソ連の大学名には、「〜名称」がつくことが多い。「名前」и́мяを生格и́мениにして、そのあとに偉人の名前を記念につける。モスクワ大学の正式名称は、ロモノーソフ名称モスクワ国立大学Моско́вский госуда́рственный университе́т и́мени Ломоно́соваであり、同様に民族友好大学は、パトリス・ルムンバ名称民族友好大学Университе́т дру́жбы наро́дов и́мени Патри́са Луму́мбыなのである。

この大学の名称は聞いてはいたが、ルムンバがいったい誰なのか、実は長いこと知らなかった。それがあるとき、ロシアへ行く飛行機の中で読んでいたロシア語の雑誌で、たまたま特集記事があって、それではじめて知ったのである。

旧ソ連とアフリカの意外な関係。わたしは興味を持った。

それ以来ルムンバに注目していると、意外に情報がたくさんある。彼の著作には邦訳もあり、『息子よ、未来は美しい』（理論社）は、なんとロシア語から訳されている。

どうしてルムンバは旧ソ連と縁が深いのか。一説によれば、ベルギーからの独立運動に際して、ソビエトから協力を得たからというが、詳しくは知らない。彼の歴史的評価には難しいところがあり、わたしには判断がつかない。

わたしとしては、旧ソ連はこんな感じで思わぬ国と縁があったことを書き記しておきたいだけである。そのおかげで、わたしはルムンバが独立を勝ち取る前の『旧ベルギー領コンゴ地方の伝統音楽』を聴きながら、ロシア語に思いを馳せることができるのだから。

たぶん

ラジオ講座を担当するにあたって、ＮＨＫのスタッフがわたしにまず注文したのは「スキット」を作ることであった。

スキットとは、学習教材の本文テキストのことを指す。だが番組に合わせて作っている月刊誌もテキストと称しているためか、本文のことはスキットと呼んでいる。

このスキットは、放送がはじまる数カ月前までに完成させ、事前にそれだけを収録することになっている。ロシア人を何人か集めて会話文を吹き込み、それに効果音などを加える。放送収録時には、これを適宜流していく。

わたしが担当したときにスキット収録をお願いしたのは藤枝エカテリーナさんに加えて、アレクセイ・スホルコフさんとタチアナ・ゴロホワさんだった。ふだんは会社や大使館に勤めているお二人は、俳優のような発声訓練を受けているわけではないのに、とても上手に読んでくれた。アレクセイさんなんか、子どもの声色までしてくれたのである。おかげでとても楽しいスキットになった。

もちろん、みんな緊張しながら大真面目に収録に臨む。放送前、それぞれが舌慣らしのために早口言葉скороговóркаを口ずさむ。

Шла Сáша по шоссé и сосáла сýшку. サーシャは街道を歩いて、輪形パンをなめていた。

早口言葉なので、なんで輪形パンをなめるんだろうかと、理由を考えても意味はない。ただしшла［シラー］という動詞が女性の過去形になっていることから、サーシャСáшаはアレクサンドラAлексáндраという女性の愛称形であることはチェック。とにかく、これはもっとも有名な早口ことばの一つである。

だが実際の収録で難しいのは、もうすこし違うところだった。

たとえばイントネーション。とくに疑問文では、質問のポイントがどこにあるのか、解釈によって微妙に変わってくる。どの単語を高く読んだらいいのか、収録の途中でわたしも含めた四人で話し合うこともあった。

さらに意外なのは、次の単語だった。

навéрно［ナヴェーるナ］「たぶん、おそらく」
навéрное［ナヴェーるナエ］「たぶん、おそらく」

どちらも意味の違いはなく、辞書では見出し語として併記してあることも多い。もちろん、よく使う語である。わたしはすこしでも短いほうが学習者にいいかと考えてнавéрноにしたのだが、アレクセイさんは癖なのか、ついついнавéрноеといってしまう。

あれ、いいにくかったかな？

「いや、どちらもよく使うし、навéрноも決して間違っていないから」

でも、なんか、いいにくそうなのである。わたしはスキットのほうを変更しようかと申し出たのだが、彼はその必要はないといい、何回かＮＧを出しながらも、навéрноで吹き込んでくれた。

つまり、人間は意識していないところで癖を持っており、それから外れたことをすると、急に難しくなったりするのである。

わたしだって、日本語のスキットを吹き込むことになったら、きっと思わぬところがいいにくかったりするのだろうな、たぶん。

ロシア人はオウムが好き

NHKラジオ講座で中級編を担当していたときのこと。

文法性のまとめとして、「わたしの」の三つのかたちмой, моя́, моё と名詞を結びつける練習問題を作ろうと考えた。もう中級なのだから、男性名詞は子音で終わる語の他に、半母音といわれるйで終わる語も出題したい。

ところがこれがなかなか難しい。йで終わる語はいくらでもあるのだが、「わたしの」と結びつきにくいのである。博物館музе́йや市電трамва́йは個人で所有しにくい。ヘビзме́йは個人的に所有したくない（そもそもзмея́のほうが一般的）。

いろいろ悩んでオウムпопуга́йにした。わたしのオウムмой попуга́йならペットとしても悪くない。さらに毎週水曜日に設けた短い物語を読むコーナーでも、主人公の女の子が飼っているオウムを登場させることにした。一度出てきた単語は、なるべく繰り返して使いたい。

ところが名前で困ってしまった。ロシアではオウムにどんな名前をつけるのだろうか。そういうことは辞書を引いても載っていない。そうだ、ロビンソン・クルーソーの飼っていたオウムはFridayといったぞ。だったら「金曜日」という意味のпя́тница［ピャートニツァ］はどうだろうか。共演者である藤枝エカテリーナさんに相談する。すると彼女は、こっちがビックリするほど即座に答えてくれた。

「ケーシャКéшаがいいです」

どうして？

「そういう名前のオウムが出てくるソビエト・アニメーションがあるのです」

早速ビデオを貸してもらう。『放蕩オウムの帰還』*Возвращéние блýдного попугáя*は、ちょっとワガママなオウムが主人公の全三話で、その主人公は確かにケーシャだった。なるほど、それではここから名前をいただくことにするか。ちなみにケーシャはインノケンチイИннокéнтийの愛称形で、もちろん人間にも使える。

後日カーチャさんから、オウムが登場するアニメーションが他にもあることを教えてもらった。『三八羽分のオウム』*38 попугаев*はオウムの他にゾウやサルなどが出てくる連作で、表題はそのうちの第一話である。

あるとき大蛇（これはзмей/змеяではなくудáвという）があまりに長いので、どのくらいの長さなのか測ろうということになった。だがどうやって測っていいのか分からない。そこへオウムがやってきて、大蛇の体の上をチョコチョコ歩きながら歩数を数えてみたら、三八歩分だった。それだけの話なのだが、ソビエト時代のアニメーションには、このようにちょっとシュールな物語が多い。

反対にわたしがカーチャさんにＤＶＤを貸すこともあった。『ゆがんだ鏡の王国』*Королéвство*

*кривы́х зерка́л*は、アニメーションではないが子ども向き映画である。主人公の女の子はまるでルイス・キャロルのアリスのように、鏡の中の世界へ紛れ込んでしまうのだが、そこで「ヤグパプ」という男に出会う。

お分かりだろうか。「ヤグパプ」はйагупап、つまりオウムという単語попуга́йを逆さに読んでいるのだ。

ねえカーチャ、どうしてソビエトの子ども向け映画には、オウムが多いの？

「あら、本当ですね。わたしも気づきませんでした」

理由は分からないが、ロシア語の世界ではオウムに人気がある。これは二人のささやかな発見である。

上『放蕩オウムの帰還』、下『38羽分のオウム』のDVDジャケット。シュールな展開で、かわいいロシア語表現が学べる。

Tシャツのことば

国立理系大学でロシア語を教えていた頃は、わたしの研究室に集まってくる学生たちといろんなことをして遊んだ。今にして思えば、あれはサークル活動みたいなものだった。

サークルといえば、揃いのTシャツ。

ある学生が、生協でTシャツが作れるという情報を聴きつけてきた。「自分たちでデザインした図案が、Tシャツになるんです。みんなで作りませんか」

こういうのはみんな大好きなので、話はすぐに決まる。

問題はデザインである。わたしの周りに集まるのだから、共通キーワードはもちろんロシア語なのだが、それでは具体的に、どんなTシャツにしようか。

ちょうどその当時は、わたしが他のロシア語教師たちと初めて作った教科書『ロシア語へのパスポート』（白水社）が出版されたばかりだった。ロシア語にしては珍しく二色刷りで、イラストも満載。そこでデザインは、この中のイラストを使わせてもらうことにした。別に販売目的ではないとはいえ、勝手に使用するのはやっぱり気になるので、出来上がったTシャツの一枚は、後にイラストレーターにプレゼントした。

しかしイラストだけという訳にはいかない。やっぱりロシア語で何か文を入れなきゃ、黒田研究室ではない。そこでさんざん話し合い、ついに次のフレーズに決めた。

Говори́те по-ру́сски!　ロシア語で話してください！

教科書には必ず出てくる文だ。говори́теは動詞「話す」говори́тьの二人称複数現在形にも見えるが、ここでは命令形である。これに1996という年号を入れ、「黒田研究室オリジナルTシャツ」が出来上がった。その年の夏は、みんなしてこのTシャツを着ていた記憶がある。

さて、わたしの研究室は人の出入りが激しく、毎年のように新人が現れた。先輩たちの着ている揃いのTシャツを見れば、新人もやっぱりほしくなる。ということで、二年後に新たなTシャツを作ることにした。

こんどはデザインを公募し、研究室の幹部たちで協議して決めたのだが、結局はうちのカミさんがふざけて描いた「黒田の子ども時代の顔」が、わたしの大反対にもかかわらず、入選してしまった。やれやれ。

さてことばである。今回はわたしの「座右の銘」ともいうべき、ロシアのことわざから選んだ。

Лу́чше по́здно, чем никогда́.　遅れても、ぜんぜんやらないよりはマシ。

英語ではBetter late than never. という。遅刻の言い訳みたいだが、わたしはこれが気に入っている。「遅れる」по́здноの真ん中のдは発音しないんですよ、などと説明ができて、なかなか教育的である。しかも、始めるのが遅くてもやっぱりやったほうがいいというのは、外国語学習に広く通じる。

このTシャツもみんなとても気に入った。わたしたちが集まるときには、このTシャツを着てくる者が必ず一人や二人いたものだった。他の教師からも「黒田さんのところの学生さんが、いつものTシャツを着ているのを、今日も見かけましたよ」などと声をかけられることさえあった。ちょっとだけ、嬉しかった。

Tシャツの胸部にプリントされたイラストとロシア語。そう、このことばどおり外国語学習だってじっくり時間をかけてもいいのだ。

金属文学のすすめ

サーシャくんの話をしたい。

サーシャくんは日本人である。わたしの勤めていた国立理系大学の学生だったのだが、ロシア語がとても好きで、ロシア人の先生が担当する会話の授業に熱心に参加していた。授業中、先生は学生をロシア名で呼ぶ。そこで彼はサーシャという名前を選び、以来サーシャくんで通っている。

いくらロシア語に一生懸命だからといって、サーシャくんは自分の専門を捨ててしまったわけではない。彼の専攻は金属工学である。そして彼はこの金属に対しても、ロシア語と同様にたいへん熱心である。いや、むしろ「愛している」といったほうがいいかもしれない。

あるとき、サーシャくんは嬉しそうな顔をしながら、小さな金属の固まりを見せてくれた。

なにこれ？

「先生、これはわたしが初めて精製した鉄です」

……。

「中学生のとき、磁石で砂鉄を集めて、それを加熱して固めたのです」

このように、サーシャくんは文系をはるかに超えた楽しい発想で、わたしをしばしば驚かせてくれる。

しかしサーシャくんを冷たいロボットと考えてはいけない。とんでもない。彼は人間らしい、やさしい青年である。本もよく読む。文学も好きで、ロシア文学もわたしの薦めるものをいくつか読んでは、楽しそうに感想を語ってくれる。

あるとき、サーシャくんがこんなことを尋ねてきた。

「先生、ロシア文学の中で、何か金属が出てくるものはないでしょうか」

思いもかけない質問である。

なんでまた？

「それはわたしがロシア文学と金属が好きだからです」

そうねえ、イリフとペトロフの『黄金の仔牛』*Золото́й телёнок*とか、アンドレイ・ベールイの『銀の鳩』*Серéбряный го́лубь*なんてどうかな。

「いや、貴金属でないものがいいです」

……あっ、ニコライ・オストロフスキイの長編小説に『鋼鉄はいかに鍛えられたか』*Как закаля́лась сталь*というのがある！

「うーん、鉄ですか……」

これもサーシャくんのお気に召さないらしい。

「先生、あの、アルミニウムとかチタンが出てくる文学はないでしょうか」

えっ？

「わたしはそういう非鉄金属が好きなのです」

あなたはどういう金属が好きですか？　こんな質問が成り立つのだろうか。でもサーシャくんは夢見る目で非鉄金属を語る。

ロシア以外なら『鉛の兵隊』とか『ブリキの太鼓』などがあるね。

「いいですね、そういうの。ロシア文学にはありませんか？」

残念ながらわたしの知識ではもう限界である。文学にアルミニウムは無理なのか。でも、たとえば革命以後、工業化を強力に推進したソビエトだったら、文学の中でも何か非鉄金属が取り上げられていそうな気がする。どなたかご存知だったら教えてほしい。いくつかあれば、翻訳をまとめて、「ロシア非鉄金属文学アンソロジー」なるものを是非とも出版してほしい。


とにかく、わたしはこれほど金属を愛しているサーシャくんが大好きだ。わたし自身は金属にそれほど興味が持てない。けれどアルミニウムやチタンを熱く語るサーシャくんのそばにいるだけで、なんだか楽しい気分になる。

「先生、このクッキーですが」

あっ、どうぞ、食べていいよ。

「いえ、そうではなくて、この缶、いい金属を使ってますねえ……」

アンドレイの叙勲

（以下の話は多分に政治的色彩を含んでいます。お嫌いな方、生真面目な方は、その次のエッセイも含めて、読まずに飛ばしてください）

ソビエト時代、ロシア人はなぜかバッジをくれた。通訳の仕事なんかをすると、いろんな人からバッジをもらって、引き出しの中はたちまちいっぱいになってしまう。

バッジはロシア語でзначо́к［ズナちょーク］という。複数形はзначки́［ズナちキー］で、оが消えてしまうことに注意。

国立理系大学に勤めていたときのこと。あるとき、処分したつもりだったバッジの残りが、箱から大量に出てきた。いったいどうしたものかと、当時の「幹部たち」に相談する。

その頃の黒田研究室には、幹部が三人いた。すべての始まりを築き上げたハカセ、後輩みんなから信頼の厚いキョーソ、そしてサーシャくん（「金属文学のすすめ」参照）である。これらのメンバーを集めて、「幹部会」（ロシア語ではпрези́диум）と称して四人で飲みに行ったとき、わたしはこのバッジについて相談してみた。よかったらみんなにあげようか？

するとキョーソから提案があった。

「それよりも、勲章にするのはどうでしょう」

勲章？

「一年間で黒田研究室においてもっとも功績のあった者に、叙勲というのはいかがですか」

さすが、キョーソだ。おもしろいことを考えつく。ということで、幹部会は突如として叙勲選考委員会となった。そして慎重なる協議の末、栄えある第一回叙勲者は、地味ながら存在感のあるアンドレイに決まったのである。（アンドレイについては、拙著『外国語の水曜日再入門』の「ムーミンを世界一苦しみながら読む青年」を参照のこと）。

この結果をアンドレイにメールで知らせる。返事はすぐに届いた。

「謹んでこれをお受けします」

ということで、十一月のとある休日に叙勲式となった。

とはいえ、式典会場はいつも行きつけの呑み屋に変わりない。そこにみんなが集まったら、幹部の一人から叙勲への経緯が説明され、わたしがアンドレイの胸に、レーニンおじさんがデザインされたバッジをつけてやる。それだけのことである。

いや、もう一つあった。バッジをつけるとき、旧ソビエト国歌をロシア語で歌うのである。

Сою́з неруши́мый респу́блик свобо́дных　自由な諸共和国のゆるぎない同盟を

Сплоти́ла наве́ки Вели́кая Русь. 大いなるルーシは永遠に結んだ

当時はすでにソ連邦崩壊後。それなのにわたしの研究室ではなぜか、幻となってしまった国の歌を暗唱するのが流行っていた。みんなキツイ冗談が大好きなのか。

いや、われわれがひどく悪趣味というわけでもないはずだ。ロシア人にこの話をすればみんな大笑いで、少なくとも目くじらを立てるような無粋な人はいなかった。そもそも政治を風刺するのは、ロシアの庶民が得意とするところではないか。

考えてみれば、公式にはゼミ生が一人も所属しない黒田研究室そのものが、幻なのである。そのようなフィクションの空間で、みんなは世の中を学んでいった。現実世界では難しいことも、ここではいろんな実験ができる。たかが土産物のバッジが、突如として勲章になってしまうこと自体が、世の中を体現しているではないか。

さて、勲章を受けたアンドレイは、得意絶頂であった。だが気の緩んだ彼は、この後とんでもないことをやらかしてしまうのである。

（この項続く）

アンドレイの失脚と名誉回復

アンドレイはいいヤツなのだが、調子に乗るところがある。

十一月に第一回黒田研究室勲章を受けてからというもの、彼は少々舞い上がっていた。

十二月の忘年会。そのときのアンドレイは上機嫌で、いつもより多めに日本酒を飲んでいた。ビールが主流の黒田研究室で、一人日本酒を飲むところも、彼の独自路線を示している。

ところでその頃の黒田研究室には、いろんな決まりごとがあった。男性の中心が代々キョーソと呼ばれるのに対し、女性の中心は「女王様」と呼ばれていた。女性の少ない理系大学で、みんなの世話を焼いてくれる女王様は、憧れの存在だったのである。

女王様はキョーソと同様、ときどき交代する。その頃は五代目女王様の時代だった。だが社会人となった五代目は日々忙しく、研究室に週一回顔を出すことすらままならなくなっていた。そろそろ次の女王様を決めなければならない。

そんな折である。いい気持ちに酔ったアンドレイは、わたしに向かって突然こんなことをいい出した。

「先生、次の女王様はリューダにしましょう」

リューダは当時まだ二年生だったが、黒田研究室の活動に熱心で、ロシア語もよく出来た。妥当な判断ではあるのだが、アンドレイが決めることではない。わたしは次のように諭した。

あのねアンドレイ。女王様を指名するのは幹部会であって、君が決めることではないんだよ。

だが、酔ったアンドレイは止まらない。

「いや、いいんです」

いいって何が？

「次期女王様を指名するのはボクです。これは革命револю́цияなんです！」

革命とは聞き捨てならぬ。年が改まると早々に、臨時幹部会が招集された。

またしてもキョーソが口火を切る。

「勲章は剥奪ですね」

彼の政治的判断はすごい。

こうして、アンドレイの失脚が決まった。彼は名誉回復まで、しばらく干されることになる。

いや、深刻に受け止めないでください。みんな遊びでやっているんですからね。アンドレイだって、その後も研究室に平気で現れては、みんなと一緒に飲んでいたわけで、仲間はずれにされたわけではない。ときどき「コラコラ、勲章を剥奪されたクセに」とか、多少からかわれたくらいである。

それに数ヵ月後には、アンドレイの名誉回復を祝って、またまた飲み会が開かれたのである。

「名誉回復する」はреабилити́ровать。この動詞の被動形動詞過去の短語尾形を使うと、次のような表現ができる。

Он был реабилити́рован. 彼は名誉回復された。

これは受身形だから、名誉回復を与えるのはонではない。主体と客体は絶対に間違えないようにね、アンドレイくん。

同志アンドレイの栄光と没落を見続けた勲章。というのは冗談で、アンドレイに贈った、何の権威もないふつうのバッジ。これを胸に付けて歩けばリッパな変わり者だ。

あいさつからすでにタイヘンなのである

「ロシア語で『こんにちは』って、なんていうんですか？」

多くの人がこんなことを尋ねる。しかも気楽に。別に重々しく尋ねてもらいたいわけではない。そうではないのだが、こちらは急に気が重くなる。

「ええと、Здрáвствуйте!［ズドらーストヴィチェ］といいます」

「え？　なんですって？」

「ですからЗдрáвствуйте! です」

「もう一度お願いできますか？」

「ええ、Здрáвствуйте!」

「ズドラ…」

「ラは巻き舌なんですが」
「ズドラァァ…、ええと、なんでしたっけ？」
「だからЗдра́вствуйте!です」
「ズドラァァスト…」
「Здра́вствуйте!」
「ズドラァァスト…、ああ、もういいです。いやー、ロシア語って難しいですね〜」

だいたいこういう展開になる。それが予測できるので、教える前から気が重いのである。

他の外国語が羨ましくなるのはこういうときだ。「ボンジュール」や「ニイハオ」は、なんと親しみやすいのだろう！「グーテン・ターク」や「アンニョンハセヨ」ですら、短くて発音しやすいような気がしてしまう。

ロシア語の「こんにちは」が手ごわいのは、これだけではない。綴りをもう一度よく見ていただきたい。Здра́вствуйте!のうち五番目の文字вは発音しない。そう、これは例外的な綴り。外国語の入門書はだいたいが「こんにちは」から始まる。ところがロシア語ではその「こんにちは」が、長くて、巻き舌があって、そのうえ綴りが例外的なのである。

しかしこればっかりは、どうにも仕方がない。だれも簡単にはしてくれない。ロシア大統領に手紙を書いて頼んでも、おそらくダメだろう。そんなこと、やる気もないが。

ということで「こんにちは」は困る。

たとえば教科書を書くとき、できることなら第一課には「こんにちは」を使いたくない。文字と発音の関係で苦労している学習者に、はじめから例外まで押しつけたくないのだ。しかし、如何せん「こんにちは」である。これを避けて通るのは、はなはだ難しい。

ちょっと待てよ、難しいのは果たして「こんにちは」だけだろうか。

他のあいさつ表現も見てみよう。

До́брое у́тро!　おはよう！（= Good morning!)
До́брый день!　こんにちは！（= Good afternoon!)
До́брый ве́чер!　こんばんは！（= Good evening!)

英語の対応を見れば、さらに分かりやすい。До́брый день! は語彙一つ一つの対応としては Good day! なのだが、日中しか使えないことを強調したいので、このようにしておく。

注意深い学習者は、英語ならすべてgoodであるところが、ロシア語ではдо́броеとдо́брыйという二つのバリエーションがあることを指摘する。しかしこれについては、もうすこし学習が進めば形容詞類の一致が出てくるので、心配はいらない。こんな細かいことまで気づいたことを誉め称え、いずれ必ず教えるから、来週以降も出席してねと伝えればよい。

困るのは就寝前のあいさつだ。

Спокóйной нóчи. おやすみなさい。

どうしてдóброеかдóбрыйを使わないのか。この質問も困ってしまう。もちろん、説明はつく。形容詞спокóйныйは「穏やかな、落ち着いた」で、ночьは「夜」を意味する女性名詞。この二つを結びつければ、主格ではспокóйная ночь、対格ならばспокóйную ночьとなる。

ところが、そのどちらでもない。

Спокóйной нóчи. は生格である。その理由は、希求の表現では生格が使われるからだ。

Желáю Вам счáстья и здорóвья.　幸福と健康をお祈り申し上げます。

街頭の新興宗教みたいだが、ロシア語ではグリーティングカードにもよく使う典型的なあいさつ文である。ここでもсчáстье「幸福」とздорóвье「健康」が、希求を示す動詞желáть「願う、祈る」の要求に従い、それぞれ生格となっている。

つまり「おやすみなさい」にしても「穏やかな夜を（お祈りします）」ということなので、やっぱり生格が使われるのである。

お分かりだろうか？

しかしである。そんな説明をしたら、受講生の半分以上が間違いなく、夜じゃなくても勝手にСпокóйной нóчи. してしまう。この説明、初歩の段階では少々難しい。だから教師はこういう質問に困るのだ。

基本的な表現に限って、例外が盛りだくさん。やれやれ。

だが考えてみればそれも当然で、めったに出てこないような表現ばかりに例外がある言語なんて、だれも使いこなせない。よく使われるものだからこそ、例外も許される。そう考えるほうが論理的ではないか。

とはいうものの、それは言語学に理解のある人のご意見。ふつうの学習者だったら「どうして『こんにちは』がそんなに難しいの？　あいさつですらこんなに難しいのだったら、ロシア語っていうのは、この先どれだけ難しいのだろう？」と想像して、多くの人が途中で逃げ出してしまうかもしれない……。

こんなことが、一瞬のうちに頭をよぎる。

だから「『こんにちは』はロシア語でなんていいますか？」と尋ねられると、それだけで気が重くなってしまうのである。

せめて文字だけは

未知の文字の習得は必ずできるが、その道のりは実に険しい。じっくりと勉強したいところだが、外国語学習は文字だけではないので、こればかりに時間をかけてもいられない。ということで、教師は「早く慣れてください」とかいいながら、せっせと文法事項を進めてしまう。

だが文法ばかりに気をとられている教師は、夏休み前の期末試験で愕然とするような答案に出合う。次の問題は三か月も勉強していれば簡単なはずである。

問：次の日本語をロシア語に訳しなさい。「わたしはイワンです」

答えはもちろんЯ Ивáн. である。こういうのは、教師が点を与えようと思って出題する。だが実際には正解どころか、とんでもない解答がつぎつぎに現れる。

× R Иван.　文頭の文字が間違っている。

×Я Neah.「ヌバン」って誰ですか。

キリル文字にRとNはない。だがЯとИはある。すると裏返しの裏返しという、複雑な混乱に陥る危険性がある。

もう一つ、微妙な間違いを。

×Я Івaн.

Iもロシア語では使わない。当たり前だがその裏返しなんてありえない。だけど長年親しんできたラテン文字が、ついつい出てしまう。

もっとも、これがウクライナ語だったら正解である。つまり同じキリル文字でも、言語によってはIを使う。だが、そんな話をロシア語初級の授業ですれば、混乱を招くだけであることが分かっているので、絶対にしない。それなのに、こういう答案が出現するのだ。

ロシア語で使うキリル文字の困ったところは、英語などで使うラテン文字と部分的に似ていることである。するとラテン文字のうち、どれを使い、反対にどれを使わないかが、アヤフヤになってしまうのだ。

とはいえ、三か月近くも勉強したのにR、N、Iを書くようでは、はたしてロシア語を勉強したといえるのか。ということで、テストを提出する前に、R、N、Iが混ざっていないか確認してください。

「先生、混ざっていたらどうなるんですか」

まあ、ゲームオーバーですね。

「ゲームオーバー？」

来年、再び勉強し直してもらいましょうか。

ここで受講生は真剣になる。大切なのは、自分の答案を自分でチェックできること。よく見直してほしい。

テストのあと。

「一学期間、ありがとうございました」

テストはどうだった？

「まあまあだとは思うんですが、それにしてもカトー先生が書いた教科書って難しいですね」

カトー先生？　そんな教科書は知らないぞ。

だが表紙を見て気づく。

…あのさ、Caтoって書いて、『佐藤』なんだけど。

本当に、文字は慣れるまでタイヘンなのである。

テンテンの難点

ロシア語にはëという文字がある。eの上にテンテンが二つ。中は空洞にしないで、しっかりと塗りつぶしてください。

テンテンがつく文字はこれしかない。ドイツ語のようにaやoの上にテンテンがつくことはない。キリル文字の中でïを見つけたら、それはウクライナ語である。

さて、このëにはいくつか特徴がある。

まず、ここには必ずアクセントがある。ëがあったら、そこをすこしだけ強く、そして長く発音すればいい。

「ロシアこけし」ともいわれるマトリョーシカは、日本でも知っている人がかなり多いが、これはматрёшкаと表記する。рёにアクセントがあるから「りょー」と伸ばすわけだ。この入れ子型の人形は、ロシアのお土産としても非常に人気がある。わたしもロシア人から事あるごとにプレゼントされ、一時は机の上にマトリョーシカたちが所狭しとひしめきあっていた。独裁者だったら、これで軍隊を作りたいと考えるだろう。

ёにはアクセントがあるのが常とはいえ、複合語ではこの限りではない。трёхэтажный「三階建ての」の場合はтрёх-が接頭辞であり、アクセントはаにある。でもまあ、そんなことは学習が進んでから覚えればいい話で、まずは「ёがあったらアクセント」という原則を頭に叩き込む。いつでもアクセントがあるので、ёの上にアクセント記号は打たない。すでに二つもテンテンがあるのだから、それ以上つけたらゴチャゴチャしてしまう。屋下に屋を架すことはしない。

それどころか、場合によってはこのテンテンさえ打たなくてもいい。

Ее тетя живет в трехэтажном доме. 彼女のおばさんは三階建ての建物に住んでいます。

きちんとテンテンをつけて Её тётя живёт в трёхэтажном доме. と表記するのは、教科書や辞書などに限られる。

こういうアヤフヤなことは、初級段階では不安というか、混乱するというか、なんとも落ち着かない気分になる。だが外国語学習とは本来、このような落ち着かないことをいかに受け入れていくかという、いわば「修業」なのである。とはいえ無用の誤解は避けたいので、まずは必ずテンテンをつけましょうと教える。

コンピュータでロシア語を打つ場合、このёのキーが見つからなくて困ることがある。わたしが使っているWindowsでは「漢字」キーに割り当てられている。なんとなく疎外されている気がする。

ちなみにёの文字を発明したのは、十八世紀末に活躍した批評家のカラムジーンである。定着したのは十九世紀の半ばらしい。

考えてみれば、eと表記してあるものをeのまま読むか、それともëと読むかを判断するのも、なかなかタイヘンな技である。Алешаという表記を見て「アリョーシャ」だと判断できるのは、すでに知っているからに他ならない。

eと書いてあっても、正しくëと読めるようになれば、ロシア語初級は卒業である。

めったに使わない文字

どの文字体系にも、よく使う文字がある一方で、それほど使わない文字が存在する。たとえば英語だったらxやzにあまりお目にかからないことは、統計を調べなくても経験から想像がつく。とはいえ、そのxやzだって、sixとかzeroなど、基本的な語彙で使われている。

ロシア語の場合、めったに使わないのがъの文字であることは、それこそ統計を見なくてもすぐに分かる。それもxやzの比ではない。入門書の冒頭で文字と発音の関係を説明するとき、どんな単語を例に挙げたらいいか困ってしまう。それほどめったに使わない。

そもそもъはそれ自身では音をもたない、ちょっと変わった文字である。音を表さないで何をするのかといえば、前後の音を分離するのである。

入門書でよく挙がるのが動詞съесть「食べる」である。[ス・イェースチ]と発音し、ъがcとeを引き離していることがよく分かる。ъがなければсесть[スェースチ]となってしまう。сестьは「座る」の意味の動詞。ということでсъестьとсестьは最小対立をなしており、説明にも都合がいい。

だが問題もある。съестьは完了体動詞で、細かくいえば「食べ切る」というニュアンスが加わる。もちろん、文字と発音の段階ではそんなことは教えない。でも不完了体動詞есть「食べる」は、学習の初期段階で必ず出てくる語。賢い生徒が「съестьとестьはどこが違うんですか?」などという、理に適ってはいるものの何とも面倒な質問をする可能性がなくもない。そんな細かい質問をする生徒の出現率はъよりはるかに低くはあるが、入門書を作成する側としては別の語はないものかと、つい探したくなってしまう。

ъは接頭辞と語幹を分離するときによく用いられる。

подъе́здは「玄関」だが、個々の家屋ではなく建物全体の入口を指す。日本式一戸建てを思い浮かべると理解しにくいし、そもそも最後の二つの子音字が無声化するのが厄介である。

съездは「大会」で、なんとなく社会主義時代を思い出してしまう。それに最後の二つの子音字はやっぱり問題。

объёмは「容積」。これは入門書で例文が作りにくい。

объектは「対象」。英語のobjectなのであるが、覚えやすい半面、かえって混乱を招くような気もする。

съёмкаは「撮影」。見かけないでもない。

объявле́ниеは「掲示」で、これはロシアでよく目にする。「お知らせ」という感じで街角なんかに貼ってあったりするからだ。これまでの中ではマシなほうか。だが長い。

こんな感じで、ないわけではない。でもそれほど頻繁に使うかといわれれば、どれも微妙な語ばかり。決め手に欠ける。やっぱりъはめったに使わない。ъなしで入門書を作ることは簡単で、説明に困ることはないのだ。

そうだ！「説明する」объяснять は第一活用動詞で、目的語は素直に対格となる。頻度も高いし、教科書向きの語。これがもっともよさそうだ。

でも、まだ何かありそうな気もするのだが……。

残念ながら、これ以上は思いつかない。このあたりで妥協するしかないかな、というのが現状である。

間延びした「ル」

二〇一〇年三月二九日、モスクワの地下鉄駅二箇所で爆破事件が相次いで起こった。捜査当局は自爆テロと見て捜査を開始したという。「ロシア＝危ない」というイメージが復活しそうで悲しい。

爆破事件が起きた駅のうち、一つはЛубя́нкаである。ルビャンカと聞けば、誰もが旧КГБ［カーゲーベー］つまりКомите́т Госуда́рственной Безопа́сности「国家保安委員会」の本部を思い出す。КГБは政府に反対する者を取り締まる恐ろしい機関として、その名を轟かせた。現在ではФСБ［エフエスベー］、Федера́льная Слу́жба Безопа́сности「連邦保安庁」に変わっている。いずれにせよ、テロはここを狙ったものだという見方が強い。もう一つの駅はПарк культу́ры だ。ここが狙われたのは内務省が比較的近いからではないかという憶測が飛んでいる。

だが、わたしが話題にしたいのはそういうことではない。

このПарк культу́ры、訳せば「文化公園」となる。だが日本のマスコミは現地音をそのまま表記している。テレビを見ていたら、ある民放局はこの駅名を「パーク・クリトゥールィ」としていた。

これはダメ。

паркは決して「パーク」にならない。確かに英語だったらparkに相当するのだが、ロシア語のpは英語のrのように前の母音と一緒になって長母音を示すことは絶対にない。いつでもしっかり舌を巻く。巻き舌のない日本語では、「ル」を対応させて「パルク」、あるいは母音を伸ばして「パールク」のどちらかにするしかないのである。巻かずに間延びしてはいけない。

このように、ロシア語のpがきちんと表記されない例がときどきある。とくに英語表記を通して日本に入ってくると、母音を伸ばすか、あるいは完全に無視されてしまう。

ウォッカの銘柄でよく見かける「スミノフ」。ロシア語で書けばСмирно́вだから、「スミルノフ」にするのが適切なはず。しかしこれはすでに定着してしまっているし、そもそも製造元がどこか外国の資本に買収されたらしいから、英語風でもいいのかもしれないけど。

昔の教え子から聞いたのだが、化学の分野では「レフォマッキー反応」というのがあるらしい。英語ではReformatskyとでも表記するのだろうか。ロシア語ではРеформа́тскийであり、カタカナで書き表せば「レフォルマツキー」となる。ちなみに、同じРеформа́тскийには著名な言語学者もいるので、わたしにも親しみのある名字である。だからこそ「レフォマッキー」じゃないんだよなあと思ってしまう。

現地音に近い表記には、どうしても限界がある。それでも、一定の方針を立てて表すしかない。巻き舌の［る］は発音が難しいと嘆く人が多い。だからといって、英語風表記はおかしい。発音はともかく、せめて書くときくらいは「ル」にしてほしいものだ。

それにしても、паркを「パーク」と音訳する日本人がいるだろうか。ロシア人が中途半端な英語風表記を選んでしまった可能性も考えられる。マスコミには、日本人で外国語ができる人を雇わず、日本語が「適当に」できる外国人に安価でバイトさせるところもあると聞く。

ちなみに「パーク」と表記していた民放局は、その数時間後の放送では「パルク」にさりげなく訂正していた。気づいた人はどれくらいいたのだろうか。

悪戦苦闘のアクセント

ロシア語の学習が始まったばかりの頃は、文字と発音の関係を覚えるだけで精一杯なので、細かいことまではいちいち気にしていられない。

だが、一通り読めるようになると、アクセントというものが大切なことを思い知らされる。なんといっても、それによって音が変わってしまうから困る。Москвá と書いて［マスクヴァー］と発音し、その理由はoにアクセントがないことにある。これを［モスクヴァー］と発音して、通じないことはないのだが、標準からは隔たっている印象を与える。

しかも面倒なのは、このアクセントの位置が一定しないことだ。

「一つ一つ覚えなければならないのですか？」

「そうなんです、一つ一つ覚えてください」

こんな問答を何度繰り返してきたことか。そのたびに学習者からはイヤな顔をされる。
アクセントの位置が違うと、意味が違う単語もある。
за́мок［ザーマク］城、宮殿　замо́к［ザモーク］錠前
му́ка［ムーカ］苦しみ　мука́［ムカー］穀粉
ここらへんは有名な例。もちろん、文脈から考えて混乱を招くことはないはずだが、間違えるとやっぱり恥ずかしいので、ちゃんと覚えたい。
中にはロシア人にとっても分からないことさえある。
больша́я часть［バリシャーヤ ちゃースチ］大きな部分
бо́льшая часть［ボーリシャヤ ちゃースチ］大部分
これについては、ふだんはアクセント記号をつけることのない本や新聞でさえ、例外的につけているのを見たことがある。
文法の形が違う例もある。
同じ「手紙」という単語でも、письма́［ピスィマー］は単数生格形で пи́сьма［ピースィマ］は複数主格・対格形。
また「認める」の場合、призна́ю［プリズナーユ］だったら完了体動詞призна́тьの一人称単数形だが、признаю́［プリズナユー］では不完了体動詞признава́тьの一人称単数形。ああ、面倒くさい。
品詞が違う場合はもっと困る。
たとえばуже́［ウジェー］はご存じのように「すでに」という意味の副詞だが、у́же［ウージェ］だったら形容詞у́зкий「狭い」の比較級である。ではどちらがよく使われるかといえば、それはуже́の

ほうに決まっている。そのため、ついつい「すでに」だと勝手に信じ込んでしまう傾向がある。もちろん、文脈によってはуже́ということだって当然ある。だが、一度信じてしまうと、間違いに気づくまで非常に時間がかかる。だれかから指摘されなければ、最後まで気づかないことすらあるのだ。なんとも厄介である。

何を隠そう、わたし自身がオッチョコチョイな性格のため、このような誤解をたくさんしてきたのだ。過去の過ちをここに認めるものである。

あれ、この場合の「認める」はпризна́ю、それともпризнаю́？

あいさつの順番

物事には順番というものがある。なんだかお説教臭く始まったが、実はこういうことだ。

たとえば、ロシア語を学んでいる日本人大学生が帰宅しようと駅に向かっていたら、ロシア人のЕле́на Влади́мировна先生を遠くに見かけた。先生もやっぱり帰ろうとしているらしい。そこで駆け寄って、あいさつをすることにする。

До свида́ния, Еле́на Влади́мировна!　エレーナ先生、さようなら！

これがロシア人にはなんとも奇妙に聞こえる。会っていきなりДо свида́ния! はおかしい。ふつうはЗдра́вствуйте! などから始めるものだ。明らかに別れるのならばともかく、わざわざ駆け寄ってきてДо свида́ния! は、非常にヘンなのである。

もっとも、日本語だったらこういう状況で「さようなら」から始めても、それほど不思議じゃない。

こんなあいさつの順番にも、それぞれの習慣があるのだ。

もう一つ、日本人が使いこなせないものに、Óчень прия́тно!「はじめまして」がある。自己紹介の場面では必ずといっていいほど使われる表現だし、知っている人も多いのだが、実は順番が難しい。

× Óчень прия́тно! Меня́ зову́т Наото.　はじめまして。わたしの名前は直人です。

これはダメ。なぜなら、Óчень прия́тно! は自己紹介をした後で使う表現だからである。ところが日本語では、「はじめまして」から始めることが多いので、それが反映されて、つい Óчень прия́тно! を先にいってしまう。

あるロシア人教師は、この順番にいつもイライラしていた。「知り合うことが出来たからこそ Óчень прия́тно! なのに、いきなりこのフレーズから始めることはあり得ないんです!」

しかし、これを正すのは非常に難しい。とくに手紙。どうしても「はじめまして」から始めないと気の済まない人がいる。こちらが指摘しても、そんなことはどうでもいいと思っているのか、なかなか訂正してくれない。

ロシア語で手紙を書きたい人が増えている。スポーツ選手や俳優にファンレターを送りたいらしい。「頑張ってください」とか「応援しています」などはどう表現したらいいですか、という質問をしばしば受けるのだが、そんなことよりも Óчень прия́тно! で始めないことのほうが大切ではないか。

見ず知らずの人からいきなり Óчень прия́тно! で始まる手紙をもらっても、ロシア人はちっとも прия́тно、つまり「うれしく」はない。

感謝の気持ちは正確に

Спасибо. ありがとう。

ロシア語の中でも、これはとくに有名なフレーズだろう。「こんにちは」が難しいので、その分こちらに人気が集中するのかもしれない。いや、実際の言語活動では、あいさつよりも感謝の表現のほうが使われるのである。覚えておいて損はない。

片言でもロシア語を知っていてくれるのは嬉しいのだが、ほとんどの日本人はこの発音が非常に悪い。

×［スパシーボ］

最後は「ボ」じゃなくて「バ」でなければならない。標準ロシア語ではアクセントのないoが「ア」になる。でも、このフレーズだけしか知らない人はおそらく耳から覚えたはず。だったら、どうしてそういうことになるのか。もしかして、発音の悪い人から習ったのかもしれない。

×［スパシーバ］

［シー］でなくて［スィー］のほうが上手に聞こえる。英語でsheとseaが違うように、ロシア語でも区別する。

［スパスィーバ］

これでだいぶよくなった。ではもうすこし頑張って、今度はイントネーションをよくしよう。

［スパ］［スィー］［バ］

多くの日本人はこれを低［スパ］・高［スィー］・低［バ］と発音する。これを高［スパ］・低［スィー］・低［バ］にすれば、さらにうまく聞こえる。

アクセントは［スィー］にある。ロシア語の平叙文では、アクセントのある音節から声を低く発音するのがイントネーションの特徴。だが、これはそれほどやさしくないようだ。あるロマンス系言語の音声の専門家ですら、これがどうしても捉えられないと嘆いていた。それほど難しい。

でも、たった一言しか知らないロシア語なんだから、せめてその発音とイントネーションだけは上手にやってほしい。そのほうがセリフとしても「決まる」のだ。

ちなみに「どうもありがとう」って何というか。

Большóе спасúбо. どうもありがとう。

ここでóчень「とても」を使ってはいけない。絶対にいけない。何が何でもいけない。

それなのにみんなやってしまう。ロシア以外のスラブ系の人ですら間違える。このような表現は、それぞれの言語習慣が反映しているから、たとえ他のスラブ諸語を知っていても、類推はできない。

だからこそБольшóе спасúбо. を正しくいえれば、評価は高い。

さらに感謝する対象をза＋対格で表せたら、かなりのレベルだ。たとえばСпаси́бо за кни́гу.「本をありがとう」のようになる。わたしが気に入っている表現は、Спаси́бо за комплиме́нт. お世辞をどうも。

「ロシア語がお上手ですねえ」などと誉められたら、こんなフレーズでさらりとかわすのがエレガント。そのためには「スパシーボ」発音から脱却しなければならない。ということで、

Спаси́бо за внима́ние.　ご静聴ありがとうございました。

「わたし」にもいろいろある

ヨーロッパの諸言語、たとえば英語やフランス語やドイツ語やイタリア語では、人称代名詞一人称単数が一種類しかない。英語はI、フランス語はje、ドイツ語はich、イタリア語はio。ところが日本語ときたら「わたし」「僕」「俺」「あたし」などなどたくさんあって、なんと複雑な言語であろうか！

……というようなエッセイがときどきある。論理のすり替えみたいな気もするし、だいたい日本語の「わたし」を英語などの人称代名詞と同一と見なしていいものか、少々疑問も残る。だが、これが今回のテーマではない。

ロシア語の人称代名詞一人称単数はяである。

Я врач.　わたしは医者です。

キリル文字の中でもとくにインパクトの強い、Rの裏返しに見えるこの文字が、それだけで「わたし」の意味になる。例文では大文字だが、それは文頭だからであって、それ以外の位置では小文字で表すところが英語のIと違う。
しかし日本語の「わたし」がいつでもяに対応するわけではない。

Мне со́рок лет.　わたしは四〇歳です。

こういうときにяは使えない。与格であるмне［ムニェー］を使う。文法的にはяもмнеも、同じ代名詞のバリエーションと考えるのだが、初心者にはとてもそんなふうに思えない。
だって、全然似てないもん！
加えて、与格は「〜に」という間接目的を表すのが基本だと習う。でも、「わたしは四〇歳です」が間接目的とは思えない。

Меня́ зову́т Андре́й.　わたしはアンドレイといいます。

こんどはменя́［ミニャー］である。「わたし」なのに、やっぱりяではない。
меня́はяの対格、つまり直接目的の形。зову́тは動詞звать の三人称複数形なので「彼らは呼ぶ」だが、この場合はとくに主体が決まってなくて、「人は呼ぶ」というような、一般的な感じを表している。このような構文を不定人称文という。うわー、なんだか難しそうなことになってきた。

とにかく「人はわたしをアンドレイと呼ぶ」というのが、直接的な解釈である。構文としては難しいが、よく使う表現であり、教科書にも出てくる。コミュニケーション中心の学習では、便利なので早めに紹介したいが、学習者が混乱する可能性もあるので、注意が必要である。

とくにこの文を「わたしの名前はアンドレイです」と訳すのは危険だ。そうするとменя́が「×わたし」でзову́тが「×名前」だと勝手に理解する者が、クラスの半分近く現れる。一度間違って覚えてしまうと、あとで訂正するのは非常に困難。

わたしが入門書を書くときには、Меня́ зову́т Андре́й.の構文をなるべく後回しにする。では、代わりにどうするか。

Я Андре́й.　わたしはアンドレイです。

まずはこれでいい。ロシア語学習の初歩では「Rの裏返しが『わたし』なんだ」と覚えることが最重要。表現が自然であることも大切だが、まずは理屈として納得できるところから身につけていくほうがいい。

そうしないと文法が嫌いになり、先へ進めなくなってしまう。

子どもには「きみ」でいい

ロシア語には二人称単数の代名詞が二種類ある。親称のты［ティー］と敬称のвы［ヴィー］だ。友だち、恋人、夫婦、親子など、親しい間柄ではтыを用い、それ以外のていねいな関係ではвыを使う。これに対応する日本語が難しい。教材や辞書ではтыに「きみ」、выに「あなた」という訳語を便宜的に充てるのが習慣だが、これがいつでもうまくいくはずのないことは簡単に想像がつく。夫婦同士で「きみ」なんて呼んでいたら、まるで昭和の漫才である。そもそも「きみ」とか「あなた」というのが、日常から切り離された奇妙な表現だと感じる日本人だっている。

ロシア語の初級者にとって、動詞の変化その他で苦しんでいるときに、このような区別はつらい。そこで安易な解決策。なるべくвыを使うことをお薦めします。丁寧な表現を使っているほうが無難なのである。

このような区別があるのは単数だけで、複数ではどんな関係でもвыとなる。だとしたら、動詞の現在形は広く使えるвыのときの形をしっかり覚えるほうが、断然お得ではないか。

わたしがロシア語を学習し始めたときには、ロシア語学校の先生の方針でВЫの形を徹底的に叩き込まれた。これはとてもよかった。のちに公式な場面で通訳をするとき、うっかりТЫを使ってしまうような間違いは絶対しなかった。留学した友人が大使に向かってТЫで話しかけてしまったという失敗談を聴くと、ВЫを中心に学習してよかったとつくづく思う。

ただしロシア人の友だちができると、ぜひТЫを使ってほしいと要求される。ВЫではなんだかよそよそしくて、落ち着かないのだそうだ。確かに学生同士だったら、ふつうはТЫだろう。

日本語を学習しているロシア人は、日本語にもこの区別を反映させようとする。そのとき「きみ」の代わりに「おまえ」を使うロシア人がいて、これはだいぶ乱暴に響く。「おまえは酒を飲むか?」といわれたときには、分かってはいてもギョッとした。

もう一つ困るのが子どもである。

学生時代に旧ソ連のピオニールという少年団のサマーキャンプで通訳した。それまで大人ばかりと会話していたわたしにとって、これはロシア人の子どもと接した初めての体験だった。

子どもと外国語で話すのは骨が折れる。廻らない舌と容赦ないスピード。こちらの聴き取り能力が不足しているのか、あるいは相手の論理がムチャクチャなのか。いずれにせよ理解できないことがちょくちょくあり、そのたびに悩んでしまう。

さらにТЫの問題がある。大人が子どもに対するときには必ずТЫを使う。分かっちゃいるんだが、これがとっさに出ない。たとえばキャンプ内で顔見知りになったワーニャくんに「何してんの?」というつもりで声をかける。

Что вы де́лаете?

するとその子は「あのね、ボクは子どもなんだから、выじゃなくてтыなんだよ」と訂正する。

はい、そうでした、すみません。

なに、ほんのちょっと調整すればいいだけの話。たいしたことではない。慣れてくればすぐにできる。そうだ、ワーニャを見かけたらтыだと覚えておけばいいんだ。

と考えていたら、折よくワーニャくん登場。よし、ここはひとつ、声をかけてリベンジせねば。「何してんの?」

Что ты де́лаешь?

その直後、ワーニャくんの隣に友だちがいることに気づく。「あのね、今ボクたちは二人なんだから、тыじゃなくてвыなんだよ。学校で習わなかった?」

もーヤダ。

ピオニール・キャンプの子どもたち。これだけたくさんいれば間違いなくвыである。

バランスの悪い話

外国語を学習するとき、語彙や表現などは類似のものと一緒に覚えるほうが効果的とされる。だが、これがいつでもうまくいくとは限らない。

気象の表現で用いるдождь「雨」やснег「雪」は、初級でも必ず学習する語である。

Вчерá был дождь.　きのうは雨でした。
Вчерá был снег.　きのうは雪でした。

このうち、дождьは雨が多量の場合に複数形になる。

В прóшлом годý бы́ло мнóго дождéй.　去年は雨が多かった。

だが雪にはこのような用法がない。

В прóшлом годý бы́ло мнóго снéга.　去年は雪が多かった。

単数形しか使えないのだ。雪が複数形になるのは「雪の降った場所」を示す場合だけである。дождьから類推した予想が、ここで見事に外れてしまう。

「結婚している」を表現するとき、ロシア語では主語が男性か女性かによって違う語彙を用いる。

Он женáт.　彼は結婚しています。
Онá зáмужем.　彼女は結婚しています。

不思議なことに、женáтは形容詞の短語尾形であるのに対して、зáмужемは副詞である。つまりзáмужемは不変化だが、женáтのほうは主語によって形の変わる可能性がある。

Вы женáты?　あなたは結婚していますか（男性に対して）。
Вы зáмужем?　あなたは結婚していますか（女性に対して）。

「男性が結婚している」のほうがженá「妻」に似ていて、「女性が結婚している」のほうがмуж「夫」

に似ていることに注意。женáтは「妻を娶っている」で、зáмужемは「夫のもとへ嫁ぐ」からである。それにしても、品詞が違うのは不思議な気がする。

言語はときにこんなにも「非論理的」である。そんなこと、文句をいっても仕方がないのだが、学習していると嘆きたくなることもある。

そもそもアクセントの位置なんて、不合理のオンパレードだ。

мужчи́на［ムッシーナ］男性　жéнщина［ジェーンシナ］女性

似たような語尾を持ち、意味としても同じカテゴリーに入りそうに思えるのに、このザマだ。なんで同じ位置じゃないんだ！

ただし、こういうことで、教師やロシア人に文句をいわないこと。そんなことといわれても、何もしてあげられません。それより、一緒に学習するクラスメートと、愚痴をいい合いましょう。仲間内だったら、そんなことも許されるはず。

バランスの悪い文法については、仲間と悪口で盛り上がって、心のバランスを取り戻すのである。

ダーダー通訳

ロシア語で「はい」がда［ダー］、また「いいえ」がнет［ニェート］であることは、比較的よく知られている。

——Вы ру́сский?　あなたはロシア人ですか？
——Да, я ру́сский.　はい、わたしはロシア人です。
——Нет, я не ру́сский.　いいえ、わたしはロシア人ではありません。

こんな会話例が入門書などでは必ず挙がっている。
ちょっと難しいのは、否定の疑問文に対する答え方である。

——Вы не ру́сский?　あなたはロシア人ではないのですか？

——Нет, я не ру́сский.　いいえ、わたしはロシア人ではありません。

——Нет, я ру́сский.　いいえ、わたしはロシア人です。

このように、いつでもнетを使って答える。なんでもかんでもнетなのだ。旧ソ連の外務大臣であったグロムイコГромы́ко А. А.は、国連でしばしば拒否権を発動したので「ミスター・ニェット」と呼ばれたという。それはともかく、ロシア語ではнетが本当によく使われる。ただし、このような否定疑問文に対しては、相手のいうことをそのまま受け入れるという意味でдаを使うこともできる。

——Вы не ру́сский?　あなたはロシア人ではないのですか？

——Да, я не ру́сский.　はい、わたしはロシア人ではありません。

このような使い方は日本語に似ている。つまり、даやнетだけではよく分からないということになる。ややこしい話だ。

さらにロシア語には次のような語もある。

Да нет!

問題。これは「はい」と「いいえ」のどちらでしょうか。

この文は「全然そうじゃない」なので、主な意味はнетの方にある。正解は「いいえ」。この場合のдаはアクセントがなく、文全体の意味を強める役割を果たしているのだ。

いずれにせよ、ロシア語の会話ではдаとнетが欠かせない。

ロシア語の通訳にもいろいろあるが、漁船に乗り込んで何カ月も過ごし、たまにロシアの国境警備隊と接触するときだけ仕事をするというのがあって、これを俗に「ダーダー通訳」という。適当にДа, Да.とかいって、誤魔化しているような、いい加減なものだというのが由来のようだ。

でも、本当のところはどうなんだろうか。時間はずいぶん拘束されるし、通訳内容によっては下手すれば大問題にも発展しかねないから、それほどお気楽というわけにもいかないのでは、と想像するのだが。

それ以前に、даとнетの使い分けそのものがそれほどやさしくない。「ダーダー通訳」になるのも一苦労なのである。

類似品にご注意ください

ロシア語で「六月」をию́нь［イューニ］、「七月」をию́ль［イューリ］という。

あまりに似すぎている。

さらには月としても続いている。いかにも混乱しやすい。外国人にとって難しいのはもちろん、ロシア人でさえ聞き分けにくいという。

Это «нь» или́ «ль»?　それ、「ニ」なの、それとも「リ」？

こんな感じで、聞き返したりする。и-ю-ньやи-ю-льというように、ゆっくり発音することもある。

ネイティブでさえ分かりにくいのなら、何とかしてほしいと思うのだが、どうにも仕方がない。

もっとも、意味の区別は英語から思い出せる。Juneはnだし、Julyはlである。こういうとき、英語の知識が役に立つ。

初級で覚えなければならない基礎単語なのに、こんな感じで似すぎているものが、ロシア語にはときどきある。

数ではдéвять［ヂェーヴィチ］が「九」で、дéсять［ヂェースィチ］が「十」というのがよく似ている。これもまた数として続いている。こんどは英語からの類推も利かない。さて、どうしたものか。

初級のクラスでは、わたしは一から十ではなく、〇から九を教えることにしている。ноль, оди́н, два, три, четы́ре, пять, шесть, семь, вóсемь, дéвять. これなら混乱はしないはず。

〇を覚えておくことは、別の意味でも役に立つ。たとえばホテルに泊まるとき、部屋番号が四〇三だったら、フロントで次のようにいえばカギがもらえる。

Четы́ре, ноль, три, пожáлуйста.　四、〇、三、お願いします。

こういうときにはнольが活躍する。やさしい表現ではあるが、通じたら嬉しい。とはいえ、最近のロシアのホテルではカード式のカギが増えて、フロントでいちいちカギを受け取ることも少なくなったと聞く。

もちろん「十」だっていずれは覚えなければならない。それはそうなのだが、はじめのうちは学習者がなるべく混乱しないように、教師としては工夫したほうがいいと考えている。

このように、似ている単語には気をつけているのだが、学習者はときとして、教師の発想をはるかに超えていることがある。

ある男子学生の作文。

Вчера́ я гуля́л с де́душкой.　昨日おじいさんと散歩しました。

ふむふむ、なかなかよい孫だね。

Я ча́сто гуля́ю с де́душкой.　わたしはおじいさんとよく散歩します。

へえ、介護とかに興味があるのかな。

Я люблю́ её.　わたしは彼女が好きです。

ここで教師はやっと気づく。おいおい、それって単語を間違えて覚えてるよ。君のいいたいのはде́вушка「女の子」でしょ？

「おじいさん」де́душка［ヂェードゥシカ］と「女の子」де́вушка［ヂェーヴシカ］。この場合には、むしろ並べて違いを確認しながら覚えるほうがいい。

さらに「わたし」にはいろいろある

生格は「〜の」という所有を表す。

初級ではこう習う。

所有だったら「所有格」とか「属格」っていえばいいじゃないか、と考える人もいる。中にはそのように書いてある入門書もあるが、一般的ではない。文法用語は個人で勝手に決められない。

とにかく、生格を使った例文を一つ。

Это маши́на Анто́на. これはアントンの車です。

Анто́нが生格なのでАнто́наになっているんですねえ、そしてそういうときにはАнто́наを後ろに置くんですねえ。これが説明の定番。

生格の語尾はａだけではない。

Э́то маши́на А́нны.　これはアンナの車です。
Э́то маши́на О́льги.　これはオリガの車です。

こうやって練習していく。練習を通して、生格のかたちを作ることと、後ろに置くことに、だんだんと慣れてくる。
では「わたしの」だったらどうなるか。

Э́то моя́ маши́на. これはわたしの車です。

大丈夫ですか。「わたしの」はмой, моя́, моёなどの所有代名詞で表すことを、忘れてはいけない。生格ばかりやっていると、ときに分からなくなる。
だが人称代名詞にも格変化はある。яの生格はменя́だ。ところがменя́とмаши́наを結びつけて「わたしの車」は表現できない。そういうときはмоя́である。
じゃあ、меня́はいつ使うのか。そう、これを納得しておかないと、頭が混乱する。
人称代名詞の生格、たとえばменя́は①生格を要求する前置詞のあと、②生格を要求する動詞とともに、それぞれ使う。

Он купи́л маши́ну для меня́.　彼はわたしのために車を買ってくれた。（дляは生格を要求する前置

詞）

Он бои́тся меня́.　彼はわたしを恐れている。（боя́тьсяは生格を要求する動詞）

まじめに文法の説明をしてしまったが、こういうのは本にあまり書いてないことが多いから、まとめておこうと考えた。というより、以前これをアイマイにしたまま授業を進めたら、あとで大混乱が生じたという苦い経験に基づいているといったほうが正確である。

これ以上は複雑な話をしたくない。ただменя́は対格でも同じ形だから、間違えないようにしてほしい。

ついでだが、яの与格と前置格はмнеである。［ムニェー］とか［ミニャー］とか、なんだかムニュムニュ似たような音ばかり。

でも、誤魔化してはいけない。授業中のわたしだったら「はい、はっきりと発音してください。それから、それはどの格なのですか」と、細かく突っ込みをいれちゃうよ。

わたしはそういう教師なのだ。

教師にもいろいろある。

ハートで感じない前置詞

前置詞のニュアンスは難しい。ある英語参考書では、イメージで捉えてハートで感じるようになれば、自然と分かるようになると主張するのだが、どうなんだろうか。

少なくともロシア語では、そんなことできそうにない。

代表例がвとнаである。

本来、вは「〜の中」、またнаは「〜の上」を示すが、場所や行先を表すとき、どちらを使うかが名詞によって決まっている。

Я иду́ в шко́лу.　わたしは学校に行くところです。

Я иду́ на по́чту.　わたしは郵便局に行くところです。

どうして「学校」шко́лаはвで、「郵便局」по́чтаはнаなのか。そんなこと、ロシア人に聞いても分からない。これだけは覚えてくださいというしかない。

統計によれば、наと結びつく方がどちらかというと少ない。ということで、こちらを覚える方が効果的だろうと考える。とはいえ、それなりの分量があるから、決して楽ではないのだが。

参考書ではнаと結びつく語として次のようなものが挙がる。

на заво́д 工場へ　на конце́рт コンサートへ　на у́лицу 通りへ（外へ）　на рабо́ту 仕事場へ
на уро́к 授業へ　на ста́нцию 駅へ

この中に何か共通点を見つけることは不可能。バラバラな単語をいちいち記憶する必要がある。

このвとнаを間違えるとどうなるのか。

理解不能ということはない。むしろ、通じちゃうといえば、通じちゃうんですね、これが。ただ何というか、標準語を使っているロシア人を「なんか落ち着かない」気分にさせるのである。

映画『モスクワは涙を信じない』*Москва слезам не верит*では「コンサートに」という表現でнаконце́ртをвконце́ртと間違えた女の子が、周りから「まったく、モスクワに二年も住んでいながら、そんなことといって」とバカにされる。つまり、вконце́ртは「田舎臭い」感じがするらしい。

ところが一方で、演奏家などプロたちはвконце́ртを使うという。こちらはもうちょっとお高くとまった感じで「われわれは一般人とは違った表現をするざんす」という雰囲気である。まったく反対のニュアンスが、同じвで表されるのだからおもしろい。

наと結びつく語には、一定の傾向がある。たとえば「島」はнаと結びつくので、「サハリンへ」は

на Сахали́н、「北海道へ」はна Хокка́йдоとなる。ところが島国なのにв Япо́нию「日本へ」なのだから、なんともいえない。

наは「辺境」を示すと考える人もいる。「ウクライナへ」на Украи́нуや「カフカスへ」на Кавка́зは、ロシア人がこれらの地域を辺境扱いしてバカにしているから、そういう前置詞を使うんだと主張する。さらには、ウクライナはすでに独立した国なのだから、вではなくてнаを使うべきだと、強硬に主張する人もいる。

わたしがかつて書いた教科書にна Украи́нуという表現を見つけ、絶対に訂正すべきだと強硬に意見する人さえ現れて、困ってしまった。確かに最近ではв Украи́нуというのも見かけることがある。しかしそれを教科書にまで反映させていいかどうかは、政治的および歴史的に非常に難しい判断なのだ。

これもやっぱり「ハート」で感じるしかないのだろうか。

わたしは「村」？

俗に「ロシア語は変化が多くて難しい」という。ロシア語に触れたことのない人までが、どこで聞きおぼえたのか、そういうことを吹聴する。ロシア語教師としては、迷惑な話である。

それはともかく、この「変化」という表現がクセモノだ。

正確には、文法用語として「変化」は使わない。「曲用」と「活用」が正式名称である。だが「曲用」や「活用」ではあまりに厳めしく、しかも馴染みがないので、入門書などでは妥協策として「変化」を使っている。

曲用と活用の違いは明確である。

曲用は名詞、代名詞、形容詞、数詞の変化を表す。このような品詞が文の中で果たす役割は、ロシア語では格によって示される。その格の変化のことを曲用というのである。

どの文法にも慣習というものがあるが、ロシア語の曲用でも格の並べ方が決まっている。例外もあるが、主格、生格、与格、対格、造格、前置格の順番が一般的だ。たとえばру́чка「ペン」は

主格 ру́чка「ペンが」、生格 ру́чки「ペンの」、与格 ру́чке「ペンの」、対格 ру́чку「ペンを」、
造格 ру́чкой「ペンで」、前置格 о ру́чке「ペンについて」

と並べる。最後の前置格はいつでも前置詞と一緒に用いられる格なので、前置格と結びつく前置詞оとともに、о ру́чкеとすることが多い。

ロシア語学習では、曲用をこの順番に従ってру́чка, ру́чки, ру́чке, ру́чку, ру́чкой, о ру́чкеと唱える訓練を必ずやらされる。あまり楽しい作業ではないが、これを覚えないと簡単な文を作ることすらできない。

一方、活用は動詞の変化を表す。曲用が「〜が、〜の、〜に、〜を…」であったのに対し、活用では動詞の現在形がその主語の人称と数に従って変化することを覚える。たとえば рабо́тать「働く」では、一人称単数形 рабо́таю、二人称単数形 рабо́таешь、三人称単数形 рабо́тает、一人称複数形 рабо́таем、二人称複数形 рабо́таете、三人称複数形 рабо́таютとなる。これも暗記する必要があるのだが、そのときは人称代名詞をつけて唱えるのが習慣である。

я рабо́таю「わたしは働く」、ты рабо́таешь「君は働く」、он рабо́тает「彼は働く」、
мы рабо́таем「わたしたちは働く」、вы рабо́таете「君たちは働く」、
они́ рабо́тают「彼らは働く」

なんとも疲れる。

だが、覚えなければならない。覚えるには、経文のようにブツブツ唱える。大学のロシア語学科なんて、こんなことを毎日やっているのである。

ロシア語の初級段階では、曲用と活用という二つの系列を並行して身につけることが要求される。そのうえ偶然にも、どちらも六種類の形を覚えることになるので、混乱しないように気をつけなければならない。

わたしが大学三年生のときに聞いた、アネクドートみたいな話。

〜一年生の授業にて〜
先生：дерéвня　「村」の変化をいいなさい
学生：я дерéвню…　わたしは村…

実話らしい。

このように、暗記という単純作業でも、自分が何を学習しているのかを常に意識していないと、こういう結果になる。

ちなみに、そのとき先生は顔が引きつっていたそうだ。

単語は長いか短いか

ロシア語は単語が長いというイメージがあるようだ。確かに初級段階で必ずといっていいほど出てくるпреподава́тельница［プリパダヴァーチリニツァ］「女性講師」は、学習者泣かせである。そもそもЗдра́вствуйте!「こんにちは」だって、充分に長かった。

だが反対に、短い語も意外と多い。たとえば一文字だけで表される単語を、アルファベット順に並べると、次のようになる。

а［接続詞］一方
в［前置詞］〜の中で・中へ
и［接続詞］そして
к［前置詞］〜のほうへ
о［前置詞］〜について

с［前置詞］～から／～と一緒に
у［前置詞］～のそばに
я［代名詞］わたし

他にも仮定法を作る助詞のб（=бы）や、前に来る語を強調する助詞であるж（=же）も、音調の関係で母音が消えれば一文字の単語となる。また感嘆詞にэというのがある。「いや、ダメだ」という不賛成や、「あのう」という口ごもったニュアンスを示す。

ここまでを合計すると、十一文字がそれだけで単語となるのだ。ロシア語で使うキリル文字は、全部で三三文字だから、全体の三分の一に相当する。さらに略語も含めると、もうすこし増える。

г グラム（=грамм）
л リットル（=литр）
м メートル（=метр）
т トン（=то́нна）

さらにピリオドを付加した略語には、「西」з.（=за́пад）や「南」ю.（=юг）というのもある。чがчас「時間」を意味するときには、ピリオドがあったりなかったりする。

ここまでの総計は十八文字。全体の半分を超えている。

さて、果たしてロシア語の単語は長いのか、それとも短いのか。

助動詞がない！

日本人にとっての外国語は、英語から始まることが圧倒的に多い。そのため他の言語を勉強するときに、無意識のうちに英文法をなぞろうとしてしまう。これは仕方のないことだ。

しかし当然ながら、英文法にある要素の一つ一つが、すべてロシア語にあるわけではない。たとえば助動詞。英語だったらcanとかmustとかのことで、比較的初歩の段階から登場する、重要事項の一つだ。文法が苦手な人は、もうこの段階でお腹が痛くなる。まあまあ、もうすこしご辛抱を。

さて、この助動詞、実はロシア語にはない。

……というと、不思議な気がする。

だって「〜することができる」とか、「〜しなければならない」などといった表現は、コミュニケーション上で大切なことが想像される。それがロシア語に存在しないなんて、なんだか不自然ではないか。

別にロシア語で「〜することができる」や「〜しなければならない」が表現できないわけではない。

Я уме́ю пла́вать.　わたしは泳げます。
Я до́лжен рабо́тать.　わたしは仕事をしなければならない。

уме́тьは「能力がある」という意味で「～することができる」を表す。よく似た意味を表す語としてмочьがあるが、こちらは「できる状態にある」ということを示すのが原則。次の例文で区別するといい。

Я уме́ю пла́вать, но сего́дня не могу́, потому́ что у меня́ боли́т голова́.　わたしは泳げますが、今日は頭が痛くてできません。

とにかく、いかにも助動詞っぽい。なのに助動詞とはいわない。
なぜなのか。その理由を考えてみる。
まずЯ до́лжен рабо́тать.であるが、このдо́лженは形容詞の短語尾形だ。文法カテゴリーがちょっと違う。ということで、助動詞にはなれない。
しかしуме́тьやмочьは、助動詞にしても問題がなさそうに思える。どうして助動詞ではないのか。
いや、助動詞にしてもいいのだが、意味がないのだ。

Я люблю́ пла́вать.　わたしは泳ぐのが好きです。

Я хочу́ пла́вать.　わたしは泳ぎたいです。
Я иду́ пла́вать.　わたしは泳ぎに行きます。

どれもЯ уме́ю пла́вать.と同じ構文。

ここで問われるのは英文法の理解。覚えてますか、canやmustのあとには不定形が続くけど、like, want, goなどのあとはto＋不定形でしたよね。この違いが大切で、英文法ではtoを伴わないものが助動詞になる。

でも、ロシア語はどれもみんな不定形が続く。つまり、英語のような区別をする必要がない。必要がないから、ロシア語文法では助動詞というグループを作らないのである。

それだけのことだ。

なーんだ。

わたしがロシア語の勉強を始めた頃、そういうことがとても気になった。でも、誰も教えてくれなかったし、どこにも書いていなかった。「ロシア語と英語は違う」から、きちんと区別して学習しなさい、ともいわれた。

でも、そういう疑問だって持っていいではないか。

ということで、教師になってからは、どんな疑問にも答えようと決めて、あれこれ悩んできたのである。

笑ってはいけないのだが

ロシア語初級の学習書に出てくる表現で、発音が難しい語彙や表現には、どんなものがあるだろうか。

преподава́тельница［プりパダヴァーチリニツァ］ 女性講師

とにかく長い。ある入門書にはこれが第一課に出てくる。学習者は初っ端から気持ちが折れそうになる。

в лаборато́рии［ヴラバらトーりィ］ 実験室で

вとб、лとpのような、日本人にとって区別が難しい音が次々と続く。適当に「ブラブラ……」

といって、誤魔化したくもなる。いやいや、それではダメですよ。

С днём рожде́ния!「ズドニョームらジヂェーニヤ」お誕生日おめでとう！

сдн とか、жд とか、舌を噛みそうな子音の連続。祝う気持ちがどこかへ消えてしまいそうだ。こんな表現が気持ちを込めていえるのは、いつの日になることやら……。

だが、これらの発音がうまくいかなくても、心配ご無用。なぜなら、外国語の教師はよく分かっているのである。こういう難しいものは、すぐにできるはずがない。ゆっくりと練習していきましょうね。

それよりも、落とし穴は意外なところに潜んでいる。

たとえば数の表現。

Оди́н, два... 一、二……

これをある生徒は次のように発音した。

「あじーん、どばー」

わたしはビックリした。「どばー」である。鼻血が急に噴き出すような音。鼻血はともかく、こちらが笑って噴き出しそうになるではないか。

しかし、である。外国語の教師はこういうとき、絶対に笑ってはいけない。生徒がどんなに奇妙な発音をしようと、それをクールに受け止めて、直していくのが仕事である。笑ったりしたら、その生徒は傷ついて、次回から来なくなってしまうかもしれない。それでは困る。

とはいえ、こちらも人間。可笑しいときに笑いを堪えることほど、つらいことはない。

一方この生徒、本人は何も気づかずに先を続ける。

Двáдцать два. 二十二

「どばーっつぁち、どばー」

笑うのを我慢しすぎて、気がヘンになりそうである。ああ、もう、頼むから、その「どばー」はやめてくれ〜。

子音間に母音を入れないこと。たったそれだけのことなのに、一度「笑いのツボ」にハマってしまうと、とにかく可笑しくて仕方がない。笑ってはいけないと思えば思うほど、笑いたくなるのが人情なのだ。

ロシア語に限らない。外国語教師とは、このような苦難に耐えなければならない、過酷な職業なのである。

本当に難しいのは

変化が多いことを誰もが嘆くロシア語。名詞は六つの格それぞれに単数と複数があり、合わせて十二種類の形。形容詞となれば、単数がさらに男性、女性、中性の三つに分かれるので、計二四種類。恐怖を抱くのは当然である。

だが、難しいのは変化形の種類が多いことだけだろうか。

いや、そうではないだろう。それぞれの形がしっかりと決まっていれば、読むときはむしろ楽なはずである。だが、実際にロシア語を読むときには、それほど楽には感じない。

わたしが考えるロシア語の難しさとは「変化形の種類が多いのに加えて、その中のいくつかが同じかたちをしていること」である。

① Э́то слова́рь Кра́сной Ша́почки.　これは赤ずきんちゃんの辞書です。

② Я позвони́л Кра́сной Ша́почке.　わたしは赤ずきんちゃんに電話しました。

③ Ба́бушка живёт с Кра́сной Ша́почкой.　おばあさんは赤ずきんちゃんと暮らしています。
④ Мы разгова́риваем о Кра́сной Ша́почке.　わたしたちは赤ずきんちゃんについて話しています。

どの文にもКра́снойがあるが、①では生格、②では与格、③では造格、④では前置格である。それに続く語を見れば、どの格であるか分かることが多いが、②と④ではКра́сной Ша́почкеがまったく同じ。こういうのが混乱を生むのだ。

もっと面倒なものもある。たとえばего́。

⑤ Э́то Ива́н. Я зна́ю его́.　これはイワンです。わたしは彼を知っています。
⑥ Э́то его́ кварти́ра.　これは彼のマンションです。
⑦ Тепе́рь его́ нет до́ма.　いま彼は家にいません。

このうち、⑤のего́は人称代名詞онの対格。⑥は「彼の」を意味する所有代名詞。そして⑦のего́は人称代名詞онの生格で、これは「いない」ことを表す「否定生格」というヤツである。

そんな品詞なんてどうでもいいではないか！

文法嫌いの人はそう叫びたくなる。でもこれをチェックしておかないと、文の応用ができない。

⑧ Э́то ва́ша кварти́ра.　これはあなたのマンションです。
⑨ Тепе́рь вас нет до́ма.　いまあなたは家にいません。

このように「彼」を「あなた」に変えると、⑧と⑨ではすでに同じ形ではない。所有代名詞か、人称代名詞かということを理解していなければ、こんな単純な文も作れないのである。

ここまでをだいたい理解して、はじめて「ロシア語ってタイヘンだ〜」といえるのである。そういう人に対しては、わたしも「うん、タイヘンだね、でも頑張ろうね」と声をかける。

とにかく、時間をかけなければ覚えられない。おかげさまでロシア語教師は商売になる。

もっとも、勉強したい人がいなくなったら困るんだけどね。

何とおっしゃいましたか

会話をしていると、聞き返したいことがある。

たとえば、よく聞こえない場合。あるいは外国語だったら、そもそも分からなかったので、もう一度繰り返してほしいとき。理解していなければ、話の続けようがない。

ということで、聞き返すときの表現は、事前に覚えておきたい。

英語だったらI beg your pardon?とか、もっと簡単にPardon me?だ。これは知っている人も多いだろう。チェコ語では「何とおっしゃいましたか?」をProsím?［プロスィーム?］という。これは「どうぞ」という意味の表現でもある。「どうぞ」が聞き返すときの表現にも使える言語は、ポーランド語やスロベニア語やクロアチア語など、スラブ諸語にいくつか例がある。

しかし、ロシア語ではПожáлуйста.［パジャールスタ］が使えない。では何というのか。ある本には次のように紹介されていた。

Извините, я вас не расслы́шал. Повтори́те, пожа́луйста, ещё раз. すみません、聴き取れませんでした。もう一度おっしゃってください。

そりゃまあそうだけど、何かしっくりこない。Pardon me? やProsím? とはニュアンスが違う気がするし、そもそも長すぎる。もっと短くて、パッと聞き返せる表現はないものか。

こういうときには、実験をしてみるのがいい。

あるとき、ロシア人との会話の際に、わざとモゴモゴと不明瞭に話して、相手の反応を確かめてみた。するとロシア人は、次のように聞き返してきた。

А? なんですって?

短い一言だが、このイントネーションを説明するのが難しい。最初は低くはじめて急に上昇させる感じなのだが、分かるだろうか。中国語の声調だったら第二声っていうのかな。

それにしても、ただА? である。果たしてこれは、ロシア語表現と考えていいのか、それとも咳やシャックリみたいに自然と口から出るものなのか。

少なくとも、ロシア人は聴き取れないとみんな同じように、しかも同じイントネーションで、怪訝な顔をしながらА? という。だから、どう考えてもロシア語表現なのである。

とはいえ、Аにもいろいろある。

A!　なるほど！

このように納得する場合には、先ほどとはイントネーションが異なり、高くはじめてから下げる。言語中国語なら第四声。なるほど、こういうのを説明するとき、中国語が便利だとは思わなかった。言語学をやっていると、いろんな知識が増える。

それにしても、これもロシア語表現と考えていいのか、改めて考えると自信がなくなってくる。

そこで、物は試しと辞書で引いてみた。

すると聞き返すときのA?も、納得するときのA!も、すべて説明されているではないか！

本当に辞書というものはすばらしい。驚くほど情報が詰まっている。後はそれをいかに使いこなすか、なのだ。

「そんなことを知らないのは、黒田さん、あなただけですよ」

A?

だいじょうぶ？

一九八四年にソ連を初めて旅行したときのルートは、ナホトカから入国してあちこちまわり、最後は黒海沿岸の都市オデッサから船で出国という、当時でも珍しいものだった。

ロシア語が好き、ソ連が好きで出かけたはずなのに、一人で数日間も旅行しているとだんだん疲れてくる。やっぱり無意識のうちに緊張していたのだろうか。

オデッサ出発の日は、あいにく朝から雨だった。九月は雨の季節。ふだんだったら雨は嫌いではないけれど、ホテルをチェックアウトして、荷物をすべて背負っているときに天気が悪ければ、行動範囲も自然と限られてくる。仕方がないので早々と港に到着し、出航手続きが始まるのを待っていた。

港の事務所で出国手続きを終え、船の入口でバウチャーを見せ、登録を済ませて船室のカギを受け取る。いちばん安い部屋なので、船底まで階段を下りていかなければならない。

階段はかなり急なのだが、他に手段はない。荷物は重いし、疲れているし、そのうえ雨で廊下が濡れている。注意しているつもりだったのだが、ふとした瞬間に足を滑らせ、気がつけば階段を数段分、お尻でダダダと下ってしまった！

イテテテテ〜

そばにいた船内乗務員が、あわてて駆け寄ってくる。

——Норма́льно?［ナルマーリナ］

一瞬、何をいわれているのか分からなかった。ナルマーリナ？　ノーマルってこと？　まあね、頭を打ったわけじゃないから、おそらくノーマルだと思うけど。

いやいや、そうじゃない。

——Норма́льно?　だいじょうぶ？

そうだよ、Норма́льно? は「ノーマル」じゃなくて「だいじょうぶ」って意味だったよな。滑ったショックのあまり、こんな基本的な表現を、一瞬忘れてしまった。

それにしても、Норма́льно? っていうのは、こういうふうに使うのか。実体験というのは、会話集にない実感をもたらす。現地でことばを覚えるっていうのは、こういうことなんだろうか。

なんて感心していたら、船室乗務員は相変わらず心配そうにわたしの顔を覗き込んでいる。いけない、返事をするのを忘れていた。

——Да, норма́льно.　うん、だいじょうぶだよ。

お尻をさすりながら、そう答えた。答えながら、わたしは妙に感動していた。

尾てい骨の痛みはその後すぐに消えたが、この表現の感覚はいつまでも消えない。

深夜のラジオ放送

ほんのすこし前までは、生のロシア語が聴きたくても、周りにはロシア人もいなければ、インターネットもなかった。

とはいえ、そこは何ごとも工夫次第である。

わたしはソ連からのラジオ放送を聴いていた。といっても、特別な短波ラジオを持っていたわけではない。ふつうのラジオでなんとかキャッチするのである。

狙い目は深夜零時以降。ＮＨＫの放送が終了したあと、第二放送近くにダイヤルを合わせる。東京では六九三kHzで、これを基本に微妙にずらしていくと、ロシア語の放送が聞こえる。だいたい七一〇kHzあたり。これは経験からはじき出した数字であり、科学的（？）な根拠はない。

多少の雑音はあるものの、アナウンサーの話す内容をすこしでも聴き取ろうと、耳を澄ます。そのころは語彙も表現も限られていたが、いや、だからこそ、一単語でも分かれば嬉しかった。

ラジオを聴くようになって、はじめに覚えたロシア語は次の表現だろう。

Моско́вское вре́мя —— …… часо́в. モスクワ時間は〜時です。

つまり時報である。放送では一時、二時、三時など、ちょうどの時間になると時報が流れる。その前に「モスクワ郊外の夕べ」の曲のはじめの数小節分が三回繰り返され、それから時刻を伝えるので、こちらも心の準備ができて都合がよかった。

ロシア語では、数詞と名詞が結びつくときの格が面倒である。

Моско́вское вре́мя —— час. モスクワ時間は一時です。
Моско́вское вре́мя —— 2 часа́. モスクワ時間は二時です。
Моско́вское вре́мя —— 5 часо́в. モスクワ時間は五時です。

だが時差の関係もあって、一時から四時を聴くことはめったになく、したがってほとんどがчасо́вであった。この形、文法的にはчасの複数生格なのだが、とにかくよく使われるから、自然に記憶もされる。

ラジオは二四時間制で時刻を発表するので、次のような表現も耳にすることがある。

Моско́вское вре́мя —— 21 час. モスクワ時間は二一時です。
Моско́вское вре́мя —— 22 часа́. モスクワ時間は二二時です。

Моско́вское вре́мя —— 23 часа́.　モスクワ時間は二三時です。

この表現を耳にすると、いまでもワクワクしてしまう。

しかしそれに続くニュースとなると、表現も内容も難しくて理解できない。でも構わなかった。ラジオから流れるロシア語をＢＧＭにして、夜遅くまで本を読んだり、勉強したりするのが好きだった。ラジオ放送こそが、わたしにとっての「生のロシア語」だったのである。

悲しい三枚目

わたしの通っていたロシア語の専門学校では、一年を過ぎると進級試験があった。これに合格しないと次のクラスに進めない。同時に、この試験に合格すればロシア語初級文法はひとまず修了なのである。

問題の形式は短文の和文露訳が中心だったが、文法の変化もすこしは出た。その中で必ず出題されると決まっていたのが、順序数詞тре́тий「三番目」の格変化であった。

どうしてтре́тийなのか。順序数詞は形容詞と同じ変化をするのだが、このтре́тийだけはすこし違う。本当は物主形容詞の軟変化型で、たとえばво́лчий「オオカミの」と同じパターンになる。だが初級文法では「オオカミの」なんてまず出てこないので、これだけが例外に見える。こんな例までちゃんと覚えていれば、初級は合格なのである。

тре́тийは男性形тре́тий、中性形тре́тье、女性形тре́тья、複数形тре́тьиとなる。それから男性形の格変化は主格がтре́тийで、生格がтре́тьегоで、与格がтре́тьему……以下省略。

ラジオ講座のテキストを執筆するとき、このтре́тийを実例で覚えてもらうために何か例文がほしかった。だが格によって作りやすいものと作りにくいものがあり、とくに与格に悩む。

Я звоню́ тре́тьему сы́ну.　わたしは三番目の息子に電話をしています。

共演者の藤枝エカテリーナさんは「こういうところのセンスがすごくロシア人的です」と誉めてくれた。へー、そうかな。本当は「三番目の息子」じゃなくて、「三番目の夫」にしたかったんだけどさ。でも公共放送ではそれってちょっとまずいよね。

тре́тийを使った表現には、こんなものもある。

тре́тий ли́шний

露和辞典には「第三者無用（二人だけの問題）」と説明してあった。なんだか分かりにくい。「三枚目」とはちょっと違う。これは主にラブラブの二人の間に割って入る人のこと。「おジャマ虫」といったところか。

ところで、日本語の「三枚目」はどういうのか。和露辞典を引いてみる。

актёр на коми́ческие ро́ли

「喜劇的な役割の俳優」という意味。辞書の編者はみんな苦労している。

ロシア人の質問の傾向と対策

どんなにロシア語の文法を身につけ、語彙を増やし、表現を覚えても、ロシア人は思いがけないことを尋ねてくる。

学生時代に旧ソ連で通訳をしていたとき、雑談中のなにげない質問にひどく驚いたことが、今でも忘れられない。言語の背景にある文化が違うからなのだが、そこには一定の傾向があるような気がする。

Вы служи́ли в а́рмии?　兵役は務めましたか。

これは国情の違いに起因する。もちろん「行っていない」と答えれば済むのだが、日本には徴兵制度がないことも伝えないと、兵役逃れをしたと勘違いされてしまう。この質問をするのは、当時でも年配の人に限られていた。

Вы получа́ете стипе́ндию?　奨学金はもらっていますか。

当時のわたしはもらっていなかった。だが旧ソ連では、もらう大学生のほうが圧倒的に多かった。奨学金をもらっていないと答えると、「なんだ、コイツ成績が悪いから、もらえないんだな」と誤解される。日本の奨学金事情について説明できることが大切。

Че́рез ско́лько лет вы око́нчите университе́т?　何年後に大学を卒業するのですか。

たとえば「わたしは大学三年生です」と自己紹介すると、よくこのような質問をされた。そんなの、一年後に決まっているじゃん、それとも留年しそうに見えるのか。だがそういうことではなかった。当時の旧ソ連の大学は五年制で、医学部は六年制。システムが違うのだから、当然の質問なのである。わたしの無知が招いた誤解だ。

だが、何よりも分からなかったのは、次の質問だった。

У вас есть семья́?　家族はいますか。

ロシア語入門書の、しかもかなり早い時期に出てくる例文である。それなのにうまく答えられない。わたしはいつも次のように答えていた。

Да, есть. У меня́ оте́ц, мать и сестра́.　はい、います。父と母と妹です。

だが、これではロシア人が満足しない。おかしいな。

何度か同じ経験を繰り返して分かったのは、この場合のсемья́は「家族」というより「所帯」というつもりらしいことだった。つまり二〇歳を超えた相手に尋ねるときは、「結婚していますか」と同義だったのである。

Да, есть. У меня́ жена́.　はい、います。妻です。

このように答えられるようになるのは、わたしの場合は二八歳を過ぎてからである。

羽毛も羽根もなく

Ни пу́ха, ни пера́.　試験がんばってね。

пухは羽毛でперóは羽根。ниが前にあるので、それぞれ否定生格になっている。直訳すれば「羽毛も羽根もなく」だが、それがどうして「試験がんばってね」になるのか？

この表現は本来、猟に出る人にかけることばだった。だが「うまくいきますように」と、正面から成功を祈らないところが興味深い。励まされて成果を挙げようと無理すると、崖から落ちたり、怪我をしたりと、ロクなことにならない。「羽毛も羽根もなくていいから、無事に帰って来てね」という意味である。成果主義一辺倒の会社に聞かせたいことばだ。そういえば、ある医者が『がんばらない』とかいう本を書いてベストセラーになった。発想は同じだ。

こう声をかけられたら、Спаси́бо.「ありがとう」ではなく、К чёрту. と答える。

К чёрту. は日本語に訳しようがないのだが、直訳すれば「悪魔のほうへ」という意味。この魔よけのことばを口にして、さらに左肩より唾を吐くまねをする。本当に吐かなくてよい。そういう仕草をすれば充分。ただしなぜと聞かないでほしい。そういう習慣なのである。

大学院の試験を受けるとき、ロシア人の先生からНи пу́ха, ни пера́. と声をかけられた。わたしがちゃんとК чёрту. と答えると、「それくらい知っているなら受かるわね」といわれて嬉しかった。そう、こういうものも含めてロシア語の知識なのである。

日本の入試シーズンは冬。雪が降りでもしたら、すべりやすくて危ない。

「すべる」は受験生に禁句である。ふだんはこういうのをオヤジギャグといって軽蔑しているくせに、切羽詰ると現代人でも急に迷信深くなる。自宅の近所にある湯島天神には、お正月に初詣の列が長々と続く。

「苦しいときの神頼み」をなんというのか、辞典を引いてみた。

Гром не гря́нет, мужи́к не перекре́стится. 雷がならないと、農民は十字を切らない。

これはおもしろい。「泥棒を捕らえてから縄を綯う」という日本語の表現と発想が近い。

ちなみに英語ではDanger past, God forgotten.「危険が去ると神は忘れられる」というらしい。結果を軸に表現しており、日本語やロシア語とは視点が違う。

つまり「試験がなけりゃ勉強しない」ということか。

ニワトリの脚の家

十数年前に亡くなったが、わたしにロシア語会話を教えてくれた先生は、日本人なのにロシア人みたいな方だった。ロシア語の運用能力はもちろん、食べ物の好みからモノの考え方まで、すべてがソビエト市民のようなのだ。

先生はふだん都心のマンションに暮らしていたが、週末は郊外に買った一戸建ての家に行き、そこで過ごすという。まさにロシア的だ。わたしは先生に質問した。

それはつまり、дáча［ダーちゃ］ってことですよね。

このдáча、日本語で「別荘」と訳すと誤解されてしまう。確かに本宅とは違う家なのだが、菜園とか、ときにはサウナがついているような農家である。ロシア人はそういうところで過ごすのが大好きなのだ。もちろん、だれでも持てるわけではないし、現在ではかなり豪華な、まさに「別荘」らしいдáчаもあるという。

だが先生は、こんなふうに答えた。

「いやいや、дáчаなんて立派なものではありません。ほんのизбýшка［イズブーシカ］ですよ」

わたしは、избýшкаという単語が分からなかった。おそらくизбá［イズバー］と関係があるんだろうな。

избáは伝統的な農家の丸太小屋である。中にはペチカпéчкаという暖炉があり、さらに聖像画икóнаが飾ってある。この聖像画のある場所をкрáсный ýголといい、直訳すれば「赤い隅」だが、大切なお客様に座っていただく「上座」である。крáсный ýголは部屋の入口から見て右奥と決まっている。ときどきアメリカ製のロシアもの映画などを見ていると、これが間違っていることがあって、海外文化を紹介するのは難しいとつくづく感じる。

さて、избýшкаを辞書で引いてみると、やはりизбáの指小形だと説明されている。なるほど、「掘っ立て小屋」って感じかな。うん、自分の家を謙遜していうとき、なんかカッコいいじゃん。

当時のわたしは、東京南部の一戸建てに住んでいた。でも、豪邸とは程遠い上に、築年数もだいぶ経っていて、まさに「掘っ立て小屋」だったのである。

そこであるとき、ロシア人にこう説明してみたのだ。

「ええ、確かに都内で一戸建てに住んでいますが、そんな立派なものじゃなくて、ほんのизбýшкаですよ」

するとロシア人は、笑いながらこういった。

「あはは、それじゃニワトリの脚が生えているわけ？」

またまた分からない表現に出合ってしまった。

あれこれ調べてみると、избýшка на кýрьих нóжках「ニワトリの脚の家」というのは、民話に登場するヤガーばあさんБа́ба-Яга́が住む家であることが分かった。ヤガーばあさんは魔女で、森に住んでいて、木製の臼で空を飛ぶ。主人公を助けてくれることもあれば、子どもをさらって食べるなど、悪いこともする。ロシア民話では非常に有名なキャラクターだ。

　ロシア人はизбу́шкаといえばизбу́шка на ку́рьих но́жках、さらにはヤガーばあさんを思い浮かべる。単語とは、ここまで知ってはじめて「分かった」といえるのである。

　それを知ってから、わたしは表現を変えた。

「ええ、確かに都内で一戸建てに住んでいますが、そんな立派なものじゃなくて、ほんのизбу́шкаですよ。でもニワトリの脚は生えていませんけどね」

　そういうと、ロシア人はさらに笑ってくれるようになったのである。

舌を巻く日本語訳

外国語を学習する際、訳語を一対一で当てはめて覚えるのは非常に効率がよいが、細かい点で間違えてしまう可能性がある。

前置詞до＋生格は「〜まで」という訳語を当てはめることになっている。これは時間でも空間でも同じように使える。

до ве́чера　晩まで（時間）
до Москвы́　モスクワまで（空間）

ところが細かいことをいえば、年月日の期限を示すとき、示された年月日それ自体は含まないことになっている。до апре́ляは四月を含まないので「三月三一日まで」というのが正しい。「四月まで」

と表現したら、意味がずれて誤訳となってしまう。

その日を含む「〜まで」を示したいときには、по＋対格で表す。「四月まで」は по апре́льとなるわけだ。

по＋対格を使えばはっきりするのだが、до＋生格もよく使われる。これをいちいち「その日は含まなくて…」と発想するのはタイヘンだし、訳すにしても難しい。長いこと悩んでいたのだが、ある人がこんなふうに訳すのを見てとても納得した。

до апре́ля　三月いっぱい

なるほどねえ。この「〜いっぱい」という表現ならば「〜まで」と比べてずっとはっきりする。以来、これを使わせてもらっている。

このように、勉強している過程で他の人が訳したうまい日本語訳に出合うと、感心し、ときには感動すら覚える。

うまい日本語訳を捻出するためには、工夫が必要だ。ときに品詞を捉え直す必要さえある。

Переда́йте приве́т!　よろしくお伝えください。

приве́тは「挨拶」という意味の名詞である。それに対して日本語の「よろしく」は副詞。こんなアクロバティックなことでもやらなければ、うまく訳せない。「挨拶を伝えてください」では日本語にならない。

とはいえ、この場合の「よろしくお伝えください」は定訳といってもいいので、あまり悩まない。

しかしこのприве́тにさらに形容詞がついたら、どうしたものか。

Переда́йте большо́й приве́т!　（　　　）よろしくお伝えください。

この（　）には何を入れたものか。

是非？

必ず？

ある人はこんなふうに訳した。

「くれぐれもよろしくお伝えください」

これにもまた、感心を超えて、感動し、舌を巻いてしまったのである。

こんな訳語が捻り出せるようになりたい。

逃げたい表現

大学や専門学校などでロシア語の会話を学んでいたとき、わたしには出来れば使いたくない表現があり、別の方法でいい換えるのを常としていた。

「わたしは郵便局へ行ってきました」

たとえばこういうとき、「行く・来る」を意味する、いわゆる「運動の動詞」を使いたくなかった。もし使うとなると、乗り物を使ったかどうかを考えなければならないからである。

Я ходи́л на по́чту.（徒歩で行くとき）

Я е́здил на по́чту.（乗り物で行くとき）

なかなか面倒くさい。だが、もっと簡単にいうことができる。

Я был на по́чте.

このようにбытьを使って、後は前置格にする。この方がずっと楽だ。だからこればかりを使ってしまう傾向があった。

「およそ二時間」

前置詞о́колоを使うと、その後を生格にしなければならない。数詞の格変化が咄嗟にできるだろうか。

о́коло двух часо́в

これが初級段階では出来ない。それより副詞を使えば変化をしなくていいから、そっちのほうが楽である。

приблизи́тельно два часа́

それにしても長い。もうちょっと短い単語はないものか。

приме́рно два часа́

多少はマシだが、それよりもっと簡単な表現がある。

часа́ два

数詞と単位を表す名詞の語順を逆にすれば「およそ」を示すことができる。これが気に入って、頻繁に使っていた。

このように、楽で自信のある表現ばかりを使っている限り、間違える心配はなかった。とはいえ、いつまでも同じ表現ばかりでは上達しない。ある段階まで到達したら、苦手な表現もチャレンジせざるをえなくなる。

やっぱり、逃げ続けるわけにはいかないんだなあ。

同じではない

「形容詞＋名詞」か、それとも「名詞＋名詞の生格」か。この選択には作文の際にいつも頭を悩ます。はっきりしている場合もある。たとえばбилéт студéнтаといえば「学生の切符」ということで、студéнтаは所有者を示している。深い意味はない。どこぞの学生さんが乗車券だか入場券だか、とにかく何か持っているのである。

それに対して、студéнческий билéтは「学生証」である。学生が持っている点では同じだが、乗車券や入場券とは明らかに違う。こういうのは説明もしやすい。

だがよく分からないこともある。たとえば「モスクワの通り」という場合には、次のバリエーションが考えられる。

москóвские ýлицы

ýлицы Москвы́

どこか違うのか。さまざまな文法書を読んだり、ロシア人に尋ねたりと、いろいろ努力はしたのだが、いまいちピンとこない。属性がどうとか、限定がどうとか、理屈のつけようはいろいろあるが、では実際どのように使い分けるかといえば、これがどうも簡単ではないのだ。ところがそういう点に限って、生徒が質問してくる。

この二つだけではない。

у́лицы в Москве́

このような第三の表現を持ち出して、差異を明確にするよう要求してくる。ロシア語教師はそのたびに、あれこれ調べては悩むものなのである。少なくとも同じではない。言語ではまったく同じということはないからだ。

さて、人は不思議なもので、このような微妙な差には妙に敏感なのに、他方では大切な違いを無視して、やたらに大まかだったりする。

たとえば拙著『外国語の水曜日』。これはわたしが書いた単行本の中ではもっとも広く読まれ、反響も大きかった作品である。多くの人から感想などが寄せられ、好意的なものが多くて嬉しかったのだが、ひとつ驚いたことがある。

みんな本のタイトルを正確に覚えていない。

もっとも多いのは「水曜日の外国語」である。日本語の語結合としては、こちらのほうがふつうだからか。だがタイトルはそうではない。「水曜日の外国語」ではなくて『外国語の水曜日』にしたのにはちゃんとワケがあり、それは本の中で述べたつもりなのだが、記憶に留めている人はまずいない。さりげなく訂正するのだが、それさえ聞いていない。

読者「黒田さんの書いた『水曜日の外国語』ですが」

黒田「ああ、『外国語の水曜日』ですね」

読者「そうです、『水曜日の外国語』です」

それから曜日名が正しくないパターン。「外国語の月曜日」「外国語の火曜日」…と一週間がすべて揃う。他人にとっては、外国語に触れるのが何曜日でも構わないのだ。でも、あの本を書いたときのわたしはそうではなかった。どうしても『外国語の水曜日』でなければならないのである。

билéт студéнтаとстудéнческий билéтは違う。同様に『外国語の水曜日』と「水曜日の外国語」は明らかに違うのだ。

少なくとも同じではない。

ニガヨモギの予言

一九八六年四月、チェルノブイリ原発事故が起こった。

当日のことはよく覚えている。大学に行ったらロシア語学科のクラスメートたちが意気消沈していた。

「これで就職がない」

まだ大学三年生の頃である。みんな就職にしか興味がないのかと呆れた。わたしはといえば、そういう事故はそのすこし前にアメリカのスリーマイル島でもあったし、別にたいしたことないんじゃないの、くらいにしか思っていなかった。これが誤りであることは、それからすぐに思い知らされる。

ウクライナやベラルーシに関係するようになって、チェルノブイリ原発事故はますます身近になっていった。被害者救済のためのボランティア活動をしているグループを対象に、ベラルーシ事情について講演したこともある。東スラブを研究する者は、たとえ言語がテーマであっても、チェルノブイリが避けられなくなってしまったのである。

チェルノブイリとはどういう意味か。多くのスラブ人がこの語の語源を「チェルノ」と「ブイリ」に分けて考える。「チェルノ」は黒い、つまりчёрныйがイメージされる。かつてロシア人の日本語通訳仲間から、「チェルノが『黒』で、ブイリというのはベラルーシの方言で『田』という意味だから、チェルノブイリっていうのは黒田ってことだよ」などとからかわれた。口の悪い連中である。もちろん間違っている。

そもそも「チェルノ」が黒というところから違う。チェルノブイリとはこれをまとめて「ニガヨモギ」という植物名である。現代ロシア語ではчернобы́лあるいはчернобы́льникという。途中で切ってはいけない。スラブ語学が専門のC先生が「語源を勝手なところで分けて解釈してはいけない。そういうのは『トマト』を『ト』(戸)と『マト』(的)に分けるぐらい馬鹿げている」とおっしゃっていたことが思い出される。

さてこのニガヨモギ、新約聖書ヨハネの黙示録第八章にこれを暗示する一節があるという。

……たいまつのように燃えている大きな星が、空から落ちてきた。そしてそれは、川の三分の一とその水源との上に落ちた。この星は「ニガヨモギ」といい、水の三分の一が「ニガヨモギ」のように苦くなった。水が苦くなったので、そのために多くの人が死んだ。

これがチェルノブイリ原発事故を意味するというのだが、その真相は明らかでない。試しに手元のロシア語訳聖書で該当箇所を読んだのだが、чернобылあるいはчернобыльникという単語は見つからなかった。

名前はよく考えて

ロシア語の教科書を書いていて、登場するロシア人の名前をなんとつけたものか、ふと悩んだ。そこでニーコノフ『名前を求めて』Никонов В. А. «*Ищем имя*»をあちこち拾い読みする。

これは子どもに名前をつけるための基礎知識を紹介する本で、後半は男女あわせて四〇〇くらいの名前の由来などが占めるが、前半に名前の歴史や流行が記述されていて、ここがおもしろい。

はじめにある「名前を選ぶのはやさしいか」という章に目を通した。名前をつけるのはもちろん難しい。だからといって奇妙な名前をつけてよいのか。著者は実際にあった命名の例を挙げる。

まず愛称形をそのまま登録してしまうこと。エカテリーナではなくКáтяカーチャ、ドミートリーでなくМи́тяミーチャが正式名という場合。著者はこれを子どもが育つことを忘れていると批判する。カーチャ・ミハイロヴナ教授やミーチャ・ワシーリエヴィチ社長でいいのか、というわけだ。日本語でいえばミコやマコがそのまま役職名と結びつくようなものである。例が古いか。

希望を込めるのはいいが……という例。Грáцияグラーツィア（壮麗な）なのにデブだったらどうすと、Гений ゲーニイ（天才）という名前で頭がよくなかったら子ども自身がかわいそうだろうが、というわけである。ずいぶんはっきりいうものだ。

将来に就いてほしい職業であるДо́ктор ドクトルやБалери́на バレリーナという名前にする。また一般名詞をそのまま名前にして、Тра́ктор トラクターとかСона́та ソナタとつけてしまう。著者はいい加減にしなさいよと警告する。

ロシア語の名前は日本語に比べてパターンが決まっていて、しかも数が少ないと考えていたのだが、どうやらそうとも限らないらしい。愚かな親はどこにでもいるものだ。

「龍之助」なんていう面倒くさい名前のせいで、物心のついた頃から苦労しているので、名前は単純なのがいいと信じている。ヒロシやタカシやコウイチなんていうのがよかった。ロシア人に生まれたら、イワンやセルゲイでいい。

この本でとくにおもしろかったのは、父称との組み合わせを考慮せよというところ。姓名判断かと思ったらそうではなく、発音しにくいものを避けよということだった。

たとえば子どもの名が複数の子音で終わり、父親の名が複数の子音で始まっていると、結果として子音が四～五も続いてしまう。Александр Трофимович アレクサンドル・トロフィーモヴィチだったら、真中がндрт となってしまう。

考えてもみなかった。なるほど、これは教科書に出てくる登場人物でも同じことだ。気をつけたほうがいいかも。

シュバドゥバ・ボサノバ

　ボサノバといえば、ブラジルで生まれ、アメリカを経由して世界に広がった音楽のジャンルである。その人気は今でも衰えることがなく、ふと気づけば、いずこからともなく流れてくる。

体制が違っていた旧ソ連にもБОССА НОВА［ボッサ・ノーヴァ］はあった。この事実はわたしにとって、東京のCDショップで偶然に見つけた一枚から、次第に明らかになっていったのである。

　そのCDのタイトルはБОССА НОВА *Са́мая краси́вая му́зыка в СССР*『ボサノバ　ソ連でもっとも美しい音楽』という。へー、ソ連にもボサノバがあったんだ。ちょっと意外に感じたが、面白いので試しに買ってみた。聴いてみると、これがなんというか、確かにイージーリスニングではあるのだが、やっぱりソビエト歌謡の伝統を感じさせる、なんとも不思議なジャンルなのだ。どうやらБОССА НОВАとボサノバは、別物と考えた方がいいらしい。

　このБОССА НОВАのCDにはシリーズとして*Всё ещё са́мая краси́вая му́зыка в СССР*『いまだにソ連でもっとも美しい音楽』、*По-пре́жнему са́мая краси́вая му́зыка в СССР*『以前同様ソ連で

もっとも美しい音楽』、*Навсегда́ са́мая краси́вая му́зыка в СССР*『永遠にソ連でもっとも美しい音楽』という続編がある。團伊玖磨の「パイプのけむり」シリーズを思い出す。関係ないか。

結論　ソ連のБОССА НОВАはオリジナルな軽音楽世界である。

だが、わたしはこれが嫌いではない。その反対で、この怪しいムード音楽が大好きなのだ。部屋で仕事をしながら流していると、かつて旧ソ連のレストランで、注文を取りに来ないウエイターにイライラしているとき、ステージではこんな曲が生演奏されていたことを思い出し、なんだか懐かしい気持ちでいっぱいになる。

大いに気に入ったБОССА НОВАだが、日本ではほとんど入手不可能である。そこで海外のネット通販を通して、何枚かをまとめて買うことにした。自宅に届いた小包を開けると、*Па́дающие звёзды*『流れ星』とか*На Луну́*『月にて』とったタイトルのＣＤに混じって、こんな一枚があった。

ШУ́БА ДУ́БА

直訳すれば「樫の毛皮外套」となる。ＣＤジャケットには茶色の外套と、樫の木の実がデザインされている。

いやいや、まじめに考えてはいけません。

これは「シュビドゥビ」とか「ダバダバ」といった、口でリズムを取るときのスキャット（歌詞の代わりに意味のない音で即興的に歌うこと。かつて由紀さおりが「夜明けのスキャット」という曲を歌っていた）をイメージさせるダジャレである。外国語で書かれていると、何か哲学的に感じて、裏の意味まで勘繰りたくなってしまう。悪い癖だ。

このＣＤも他のБОССА НОВАと同様、一九六〇年代のムード音楽集である。だが、ただのＢＧＭ

ばかりではない。たとえば*Пе́сенка о мкдве́дях*はレオニード・ガイダイ監督の映画『コーカサスの女虜』のテーマ曲である。こういった歌謡曲も幅広く集められている。

収められた十九曲のうち、いくつかのタイトルを眺めながら、ロシア語の文法を復習しよう。

Се́рдце на снегу́「雪の上のハート」снегу́は語尾が-уになっている前置格のかたち。

Э́то любо́вь「これは愛だ」э́таではないから「この愛」じゃないことに注意。

В кафе́ «Молодёжном»「カフェ『ヤング』にて」в кафе́だけでは対格か前置格か分からないが、молодёжномから場所であることがはっきりする。

С тобо́й до рассве́та я хочу́ танцева́ть「君と夜明けまで踊りたい」これなんか、ちゃんとした文である。

中には*Насчёт шу́бы*「毛皮外套について」というのもある。なるほど、この曲からCDのタイトルをつけたのですね。徹底している。

ということで、最近では気がつくと、異国の懐メロをスキャットで口ずさんでしまっている。シュバドゥバ・シュバドゥバ……。

チェスはスポーツである

ロシアでは、チェスがスポーツということになっている。

——Каки́м ви́дом спо́рта вы занима́етесь? どんなスポーツをなさいますか。

——Я игра́ю в ша́хматы. チェスをします。

これがロシア語ではちっともヘンではない。あるイギリス人は、そんなのどう考えてもおかしいといっていたが、わたしは自然と受け入れてしまっている。最近ではさまざまなスポーツ大会で、正式な競技種目として認知されるようになってきたようである。そしてひとたびスポーツとなれば、他の種目と同様に、わたしはチェスにまったく興味が持てなかった。

ところがある些細なキッカケから、チェスについてすこし知りたくなった。そこで入門書を買ってきて、ゆっくり読むことにする。これを通して、駒の動かし方や基本的な戦術を学ぶ。

こういうときは入門書を何冊か比べながら読むのだが、中でも気に入ったのは『ボビー・フィッシャーのチェス入門』（河出書房新社）だった。練習問題が豊富なところが特にいい。しかも答えと解説が次のページに必ずあるので、あちこち捲らずに済んで便利である。この本を通して、チェスがだんだんに分かってきた。

だが、語学に熱中する者がチェスに熱中するとなると、向かう方向が少々ずれる。

つまり、チェスの入門書を外国語で読みたくなるのである。

まずは先ほどのボビー・フィッシャーによる入門書から始める。オリジナル *Bobby Fischer Teaches Chess* は、東京の洋書店で簡単に見つかった。ペーパーバックで紙の質は悪いが、翻訳書より軽くて小型なので、持ち運びには便利。非常勤先の大学から帰りの電車内では、これを読むことにした。すでに邦訳を二回ほど読了した後だったので、内容はよく分かる。

こうなってくると、ロシア語でもチェスについて知りたくなる。

そこでロシア語専門書店へ出かけ、書棚の隅で埃を被っているチェス本を物色する。二〇〜三〇年くらい前に出版された古いものも含めて何冊か買い求め、まずは *Спýтник шахматúста*『チェスの友』という便覧から眺めることにした。

ところが読み出してみると、予想もしない事態に突き当たる。

なんと、用語が分からないのである！

ボビー・フィッシャーの英語版では、あまり戸惑うことがなかった。チェス用語は日本語でも英語起源のものが少なくない。いくつかは独特な単語や表現があるものの、たとえばキングkingやクイーンqueenやビショップbishopだったら、ふつうに知っているレベルである。

ところがロシア語ではこれがだいぶ違う。駒の種類をロシア語で挙げると、以下のようになる。

キングкорóль、クイーンферзь、ルークладья́、ビショップслон、ナイトконь、ポーンпéшка

すぐに分かるのはкорóль「王」とконь「馬」だ。「馬」はふつうлóшадьだが、коньも詩などで雅語として使われるし、なにより他のスラブ諸語を知っているおかげで理解できる。また、пéшкаは知らなくても、пешкóм「徒歩で」という副詞から想像がつく。

だが、残りが困る。

ферзьはペルシャ語の「将軍」が語源らしいが、ロシア語ではチェスのクイーンのみに使う特別な単語である（もっとも、королéва「女王」を使うこともあるらしいけど）。ладьяは「大船」という意味で、詩などで使われる。ルークは別称キャッスルともいい、駒もそういう形をしているが、それとも接点が見いだせない。

もっとも不思議なのはビショップである。слонって、それは「象」でしょうが！ では、他のスラブ諸語ではどうなっているのだろうか。たとえばチェコ語では、ウクライナ語では、ブルガリア語では……。

こんなことを考えているから、チェスそのものはちっとも上達しないのである。

だが、そんなことは構わない。もともと試合をする気はなく、メイト（王手）に持ち込むための詰め方を一人で考えながら楽しめれば、それで充分なのだ。それにチェスの基本ルールが分かっていれば、ナボコフやイリフ＋ペトロフの小説がもっと楽しめるかもしれない。

もしチェスがスポーツだとしたら、わたしもこれでスポーツを少々嗜むようになったことになる。

ただし、ふつうと比べたら、やっぱりずれているのだが。

今は昔の革命記念日

十一月七日は旧ソ連の革命記念日である。

正式名称は「大十月社会主義革命記念日」годовщи́на Вели́кой Октя́брьской социалисти́ческой револю́ции という。Вели́кой のВとОктя́брьской のOが大文字になっていることに注意。わたしがロシア語を学んでいる頃には、これが教科書にちょくちょく登場した。

現在のロシアでは、この日を「合意と和解の日」День согла́сия и примире́ния という奇妙な名称にしているが、要するにそういう日だったのである。体制が変わった結果として祝日の名称が変わるのはよくあることで、日本でも十一月三日は現在でこそ文化の日となっているが、かつては明治節、つまり明治天皇誕生日であった。

十月革命なのだが、記念日は十一月七日と八日である。これは革命勃発当時にユリウス暦を使っていたことによる。この暦は天地開闢暦ともいい、二〇世紀の場合は西欧で使われているグレゴリオ暦より十三日遅れている。このことを確認するために本で調べてみたら、グレゴリオ暦に移行したのはまさに革命政権時代で、一九一八年一月三一日の翌日を二月十四日として調整したそうだ。ということは、ロシア史において「一九一八年二月一日〜十三日」は存在しないことになる。

ではどうして七日と八日の二日間にわたっているかといえば、旧暦十月二六日の夜に革命軍がケレンスキーのいる冬宮に攻撃をしかけ、翌二七日に革命が完了したためである。その昔、ロシア語の授業では旧ソ連の歴史教科書を使ってこういうことを徹底的に教育されたので、今でも覚えている。

二日も休みがあっていいなあ。

わたしが大学生の頃はもちろんソビエト時代だったが、いくらロシア語を勉強していても、この日が休日になることは日本ではなかった。代々木のロシア語専門学校Mでさえ授業があった。

そのMも五月一日のメーデーПервое мáяは伝統的にお休み。これはかつてロシア語を学ぶ人が、この日は一日中メーデーに積極的に参加し、その結果、夜は疲れて授業にならなかったことによるらしい。とはいえわたしが学んだ一九八〇年代には、そういう人もほとんどいなかった。

異国の祝日なんて気にしなくてもいいのだが、外国のカレンダーを部屋にかけていると、ときどき不思議な日が赤く塗られており、何の日だろうと首を傾げる。一昨年買ってきたブルガリアのカレンダーも、ときどき意味不明の祝日があった。それなのに今年使っているロシアのカレンダーは、輸出用なのか、何の祝日も示されていない。

こうしてみると、わたしは外国の意味不明の祝日が好きなようである。未知の世界の習慣が、なんとなく嬉しいのだ。

切手の中のロシア語文法

外国からの郵便物を受け取ると、切手に注目してしまう。熱心なコレクターには程遠いが、小さな面積に彩られた多様なデザインは、やはり目を引く。

切手は書籍で図版としても使うことができる。著作権フリーなのだ。本をまとめるとき、出版社から図版がほしいと要求されることが多いのだが、もともと写真や映像に興味がないため、手元にはロクな資料がない。かといって人様の作品を勝手に使えば、違法行為となってしまう。正式に許可を求めれば、面倒な上に高くつく。こういうとき、切手は問題なく使用することができて、すこぶる便利なのである。

そうなると、手元に切手をいろいろ揃えておきたい。わたしにとって必要なのは、旧ソ連やロシアをはじめとするスラブ地域である。かつて社会主義諸国は、切手を有効な広告媒体と考え、広く利用していた。イデオロギーだけでなく、自分の国の文化を紹介するために、美しい切手をたくさん発行したのである。

残念ながら、わたしに何か詳しい知識があるわけではない。そこで切手ショップへ行き、国別の安売りパックを適当にいくつか買ってくる。家に帰ってから、カミさんとその中身を取り出して、「おお、こんなテーマが記念切手になるのか」と感心している程度にすぎない。

切手を眺めていると、そのデザインには当然ながら文字も含まれていることに気づく。文になっていることは少ないが、旧ソ連の切手に細かい文字で書かれたロシア語は、やっぱり気になる。

切手の中のロシア語には、どのような文法的特徴があるのか。図版を追いながら、言語に注目していこう。

想像するに、「形容詞＋名詞」および「名詞＋定語（生格）」が多いのではないか。何かの記念行事などが名辞句、つまり名詞を中心とした語結合で示されているはずだ。調べてみると、これは予想通りであった。

まず「形容詞＋名詞」の例。

Междунаро́дный кинофестива́ль「国際映画祭」

Моско́вское ра́дио「モスクワラジオ」

それから「名詞＋定語（生格）」の例。

Фа́уна Чёрного мо́ря「黒海の動物」

何かの記念日にちなんだものも多いので、日付や「〜周年」のような表現も見られる。

17 ма́рта – Всеми́рный день мо́ря「三月十七日は世界海の日」

12 апре́ля – День космона́втики「四月十二日は宇宙飛行の日」

65-я годовщи́на Вели́кого Октября́「大十月（革命）六五周年」

октя́брьだけで一九一七年の社会主義革命を意味することは、「ソビエトを知らない子どもたち」も、覚えておいたほうがいいよ。

略語も出てくる。

XX съезд ВЛКСМ「全ソ連レーニン共産主義青年同盟第二〇回大会」(ВЛКСМ = Всесою́зный Ле́нинский Коммунисти́ческий Сою́з Молодёжи)

ГАИ всегда́ на посту́「国家自動車監督局はいつでも勤務中」(ГАИ = Госуда́рственная автомоби́льная инспе́кция)

つまり「交通整理のお巡りさんはちゃんと見ているんだから、違反してはダメです」ってこと。

前置詞が要求する格によって、用法の違いが分かるものもある。

25 часо́в в ко́смосе「宇宙滞在二五時間」

237 су́ток в ко́смосе「宇宙滞在二三七日」

Междунаро́дные полёты в ко́смос「国際宇宙飛行」

「宇宙滞在」は「в + 前置格」なので場所を示し、「宇宙における」という意味から「滞在」となる。一方「国際宇宙飛行」は「в + 対格」となっているので行き先であり、「宇宙への飛行」なのである。かつては二五時間くらいでも記念すべき事件だったんだなあ。

ここまでに主格、生格、対格、前置格と、いろんな格が登場してことが分かる。ではそれ以外はどうか。もちろんある。まずは与格から。

Чемпиона́т ми́ра по футбо́лу「世界サッカー選手権大会」

つまりＦＩＦＡワールドカップのことである。по + 与格は、分野や領域を示す。

Сла́ва Вели́кому Октя́брю́「大十月（革命）に栄光あれ」

сла́ваは与格が続くと「〜に栄光あれ」という表現を作る。かつてはソ連の街中でよく見かけた。続いて造格。

60-ле́тие установле́ния дипломати́ческих отноше́ний ме́жду СССР и Ме́ксикой「ソ連・メキシコ外交関係樹立六〇周年」

前置詞ме́жду「〜の間で」は造格を要求する。СССРだけでは分かりにくいけど、Ме́ксикойから造格であることが確認できる。

名詞が多いようだが、動詞もたまにはある。しかも命令形。

Челове́к, спаси́!「人間よ、助けてくれ！」

これは環境問題がテーマのようだ。

Не злоупотребля́йте ско́ростью!「スピードを悪用せぬこと！」

こうやって見ると、想像以上に多様な表現が印刷されていた。紙面が狭いのであまり多くの文字は載せられないだろうが、ロシア語文法の一部が紹介できるほどいろいろあって、正直驚きである。


えっ？　実用的な表現がほとんどない？

そうですね。それに難しい単語も多かったし。

ということで、最後は是非とも覚えておくべき実用表現を紹介しておこう。

С Но́вым го́дом!「あけましておめでとう！」

電話は進歩する

大学でロシア語を専攻していたのは一九八〇年代。その頃と今とでは、ロシア語の表現も少々違う。基本は変わらない。言語は変化するものだけど、一〇年や二〇年ではたいした違いはないのである。そんな急激に変わったら、世代が違う人びととはコミュニケーションができなくなってしまう。

しかし世の中の進歩というか、たとえば技術革新が進めば、それに伴って語彙や表現が新しく生まれたり、あるいは変化したりする。当然ながら一九八〇年代には、インターネットинтернéтとかeメールэлектрóнная пóчтаといった単語はなかった。教材はついつい古くなるので、新版ではこのような語彙を取り上げるように心がけたい。

さて、その一九八〇年代の大学の授業中に、初級読本で次のような語結合が出てきた。

набирáть нóмер　ダイヤルを回す

ダイヤル、つまり電話の文字盤そのものはнабóрный дискというのだが、「ダイヤルを回す」という表現ではнóмерを使うところがポイント。日常を描写する上で、必要な語結合である。

だがこのとき、先生はちょっと考えてから、こういった。

「この表現も大切ですが、これからは電話もプッシュボタン式になるでしょうから、ここで補足しておきましょう」

ということで、さらに次の表現も習った。

нажима́ть кно́пку　ボタンを押す

当然ながら、後にこの表現を非常によく使うようになった。

これ以外にも、留守番電話телефо́н с автоотве́тикомとか、短縮ダイヤルсокращённый набо́рとか、さらにはテレフォンカードтелефонка́ртаとか、思えば電話に関する表現は、どんどん新しく生まれている。古い映像などでは、電話を見れば時代が推測できる場合すらある。ＳＦ作家の星新一は、後に自分の作品を見直して、「ダイヤルを回す」をすべて「ボタンを押す」に書き変えたと聞いたような記憶がある。まさにこの例ではないか。

実際、ダイヤル式の電話を見かけなくなった。ダイヤルを見たことすらない世代すら生まれている。そういう世代にとっては、набира́ть но́мерがイメージのしにくい、難しい表現と感じることだろう。いつの日か、このнажима́ть кно́пкуさえ古くなって、さらに新しい語結合が必要になるのかもしれない。とくに電話業界は日々新しいモデルを発表し続けている。ボタンを押す代わりに、いったいどんな方法で電話をかけるようになるのだろうか。

わたしのように、携帯電話моби́льный телефо́н / со́товый телефо́нすら持っていない、時代から取り残された人間には、想像もつかない。

電子辞書は友だち

二〇〇九年八月。わたしは元の教え子で、大学卒業後は中学校や高校で英語教師をしているCくんとPくんと一緒に、イギリスを旅行した。その旅行については『ぼくたちの英語』（三修社）に書いたので、詳しくはそちらに譲る。とにかく、楽しいながらもいろいろとハプニングが起こる珍道中であった。

二人はいつでも英語の習得に積極的である。旅行中、彼らは実にマメに辞書を引いた。街中で、車中で、ときにはパブでビールを飲みながら、ふと目にした単語、どこかから聞こえてきた単語、日本語で思いついた単語を、そのたびに辞書で確かめるのである。

旅先なので、重たい紙の辞書は持ち運べない。彼らが携帯していたのは、電子辞書であった。それまでわたしは、電子辞書にまったく無関心であった。そもそも必要すら感じなかった。だが彼らがせっせと引く姿を見ているうちに、少々興味が出てきた。

とくに辞書を熱心に引くのはCくんだった。彼の電子辞書は複数の辞書が内蔵されていて、彼は一つの英単語を調べるにも、必ずいくつかに当たってチェックする。一回引けば、同じ単語は別の辞書の該当箇所へジャンプする機能があるので、それを使ってさらに調べる。英和辞典で調べた後に、英英辞典で確認することもある。

いいなあ。なんだか羨ましくなってきた。

そこで日本に帰ってから、電子辞書を買うことにした。もちろん、わたしが買うのだから、ロシア語が入っているものがいい。

購入したのはカシオから販売されているEX-wordというシリーズのうち、ロシア語の辞典が内蔵されたXD-SF7700というものである。これには『大辞林』『ブリタニカ国際大百科事典』に加え、英語では『ジーニアス英和大辞典』『オックスフォード現代英英辞典』『プログレッシブ和英中辞典』、ロシア語では『コンサイス露和辞典』『コンサイス和露辞典』と、さらに*Oxford Russian Dictionary*のRussian-EnglishとEnglish-Russianの両方が入っている。この最後のオックスフォードが、選ぶときの決め手だったといっていい。ちょうどほしいと考えていたのだが、値段もさることながら、場所を取るので躊躇していたところだった。電子辞書は場所を取りませんからね。

電子辞書にはいろいろな機能がついている。英語については関山健治『辞書から始める英語学習』(小学館)がお薦めで、ユーザーのレベルに合わせて使い方が紹介されている。このような基本は、ロシア語だろうがなんだろうが同じに決まっているので、非常に参考になった。

よく使う機能は二つ。一つは「ジャンプ」で、たとえばある英単語を英和辞典で引いてから、英英辞典で確認し、ついでに英露辞典でロシア語も見る。複数の辞書に当たるのが、非常に簡単なのだ。

もう一つは「単語帳」。一度引いた単語を登録しておけば、それがリストとなって保存される。

ついでだが、音声も聴けるようになっている。ロシア語を吹き込んだのはラジオ講座でご一緒した藤枝エカテリーナさん。そういえばかつて収録の合間に、「電子辞書のための吹き込みをしたのですが、それは大変でした」なんて話していたっけ。なんでも、ロシア語単語を長時間読み上げていると、一日の終わりには声が出なくなってしまうので、そうなったらその日は終わり、また翌日となる。そういうのを数日続けるらしい。オソロシイ。彼女の苦労を偲びつつ、ときどき音声を流してみる。

これを買って以来、いつでも持ち歩くようになった。とくにCくんやPくんと飲むときには、呑み屋にも必ず持参する。彼らと話していれば、言語の話になることに決まっており、電子辞書を取り出して確認することも稀ではない。Cくんがにやりと笑って、「ねえPくん、『消火器』って英語でなんていうか知ってる?」なんていう問題を出すのを聴きながら、そういえばロシア語では何ていうんだろうと疑問に思う。そこで英露辞典を使ってextinguisherを引いてみると、огнетушитель（男性名詞）であることが分かる。こんなことをしながら飲むのは非常に楽しい。

電子辞書は新しい器械である。世の中には新しいものを非常に嫌う人がいる。とくに人文系の分野には多く、「電子辞書を使っていると、語学力が伸びない」などと批判する。反対に「便利だから」という理由だけで、新しい器械を過剰なまでに絶賛する人も少なくない。

わたしはそのどちらにも与することなく、電子辞書も紙の辞書も、適当につき合っている。両方つき合ったっていいのだ。

それに、いくら電子辞書が便利でも、ウクライナ語やチェコ語は引けない。紙の辞書に頼らざるを得ない言語もある。

電子辞書を使っていると、まだまだ開発途中だと感じる。入っているデータの多くが、紙の辞書のためにまとめられたものだから、当然である。それを批判するのは間違っている。

わたしはただ、自分だったらこんなふうに作るのになあと空想を広げる。将来、電子辞書のためのロシア語辞典をまとめてみたい。そのためには、市販のものをよくよく使ってみることが必要だ。そんなつもりで、Cくんに負けないよう、マメに引いている。

Pくんはせっかくの電子辞書をイマイチ使いこなしていない。Cくんは、問題に答えられないPくんに、いつもこういう。

「じゃあ、君のfriendに聞いてみなよ」

friendとはPくんの持っている電子辞書のことである。多少は型が古いかもしれないが、それでも機能は充分だ。そう、辞書は友だち。友だちだったら、紙でも電子でも、たくさんいるのは悪いことじゃない。

わたしの電子辞書は、товáрищ［タヴァーリシ］と呼ぶことにしようかな。

カシオEX-wordロシア語辞典。学習者にとって辞書は、教師でもあり、友だちでもあり、相棒でもあるのだ。

乾杯の辞は照れずに

黒田「裏」ゼミというのがある。

非常勤先の大学の外国語学部に通う、学年も専攻語も違う五人がなぜか集まり、わたしの授業の後を狙って飲みに行こうと誘う。これが「裏」ゼミである。飲みながらも、ゼミ並の知的な話題で長々と語り合う。

とはいえ、飲まなければお話にならない。店に入り、なんでもいいからとにかく飲み物を注文。こちらは講義を二コマこなした後で、喉がカラカラ。だが、どんなに喉が乾いていても、飲む前にはお約束の儀式が待っている。

乾杯の辞である。

これは専任教師として大学に勤めていたときから、常に学生に課していた習慣である。参加者のうち、誰か一人が即興で乾杯の辞を述べる。内容はなんでもいい。大切なのは照れないこと。

通訳経験を通して気づいたのだが、日本人はこの乾杯の辞を非常に恥ずかしがる。「わたしなんかとんでもない」「それだけはご勘弁を」「わたしより◯◯さんにやっていただいたほうが相応しいではありませんか」などとゴチャゴチャいう。

一方ロシア人は、指名されれば誰でもすぐに一言述べる。照れたり遠慮したりすることなく、自然に短いあいさつをする。見ていて気持ちがいい。

ロシア人と飲むとき、乾杯の辞は会食の途中でもくり返しおこなわれる。日本とロシアの交流会だったら、交互にことばを述べ合うのがふつう。日本側の番になって、照れたり遠慮したりするのは見苦しい。

乾杯の辞は決して難しくない。あらかじめ覚えておけばいいのである。

もっとも簡単なのは、За вáше здорóвье!「みなさんの健康のために！」であろう。発音が少々難しいが、ほぼいつでも使えるので、暗記する価値あり。またЗа вáше счáстье!「みなさんの幸福のために！」というのもある。この辺りは定番で、ロシア語初心者にお薦め。

だが、いつも同じというのもつまらない。もうすこし気の利いた表現を覚えたい。いつも飲んでばかりいるからそう思うのかもしれないが、そういう気持ちが外国語の上達へと繋がる。

東一夫・東多喜子『改訂版　標準ロシア会話』（白水社）には、次のような表現がある。

Я хочý предложи́ть тост за нáшу дрýжбу.　私たちの友情のために乾杯したいと思います。

Я поднимáю э́тот тост за мир!　平和のために乾杯したいと思います。（九〇ページ）

このくらい長いと、なんだかもっともらしくてカッコいい。За вáше здорóвье! に飽きた人はぜひ覚えるといい。

もっと公式の場であいさつが必要ならば、徳永晴美『ロシア語通訳コミュニケーション教本』（ナウカ）で見つけたこんな表現が相応しい。

Позво́льте мне в заключе́ние подня́ть бока́л за здоро́вье всех прису́тствующих.

最後に、ご列席の皆様の健康を祈って乾杯したいと思います。（一四七ページ）

かなり立派なロシア語である。とはいえ、どんなに難しそうに見える表現であろうと、要は暗記しておくだけの話。そうすれば、いつか必ず役に立つ。

さて、黒田「裏」ゼミのメンバーには、ロシア語専攻が一人もいない。だからそれぞれの専攻語や興味のある言語で、乾杯の辞を自由に述べる。フジくんはポーランド語で、スギくんはインドネシア語で、クワくんはドイツ語で、ウメくんはハンガリー語で、それぞれ何か述べる。

日本語専攻のサクラくんは「よかった、日本語で」といって逃げようとするが、そうはいかないよ、だったら日本語の古文でやってみなさい。すると彼は慌ててノートにメモして考えて「今宵の宴……」と、即興であいさつ。

よしよし、それでこそ、わたしの「裏」ゼミ生。

メンバーの誰も照れない。そんな彼らがカッコいい。

ロシア語と中国語

中国語学者の相原茂先生のエッセイが好きだ。すでに何冊も出ているが、いつでも精力的に仕事をされる先生だから、この先もっと増えるに違いない。

相原先生のご専門は中国語であり、どのエッセイも必ず中国の言語文化と関連がある。この点で常に一貫している。わたしのようにあれこれいろんな外国語の間をフラフラしている者とは大違いだ。先生のエッセイの魅力は、その簡潔な文体もさることながら、中国の言語文化に対する公平な視点にある。

言語文化を扱う際、絶賛も酷評もせずに話を進めるのは、想像以上に難しい。そういう極端なものはいずれにせよ、読んでいて不愉快になることが多い。ところが相原先生の場合はそういうことがなく、だからこそおもしろいエピソードに心から笑える。

中国人のモノの考え方が紹介される話もまた興味深い。読みながら、「じゃあ、ロシア人はどうだろうか?」とついつい考えてしまう。

『北京のスターバックスで怒られた話』（現代書館）には、本のタイトルにもなった短いエッセイが収録されている。北京のスターバックスで写真を撮ろうとしたら制止された。このような経験は中国で少なくない。なぜだろうと不思議に思っていたら、ある中国人が「それは小さな権力を行使しているのです」と説明してくれたという。

中国ではあらゆるところに、小さな権力がある。どうでもよいようなことにも「自分の管轄下にある小さな権力」を見つけだす。そしてそれを行使することに無上の喜びを感じるという。（二四ページ）

したがって、見知らぬ人には冷たく、知人には便宜をはかるらしい。なるほど。

でもそれって、まったく同じことがロシア人にもいえるのではないか。

ロシアでも写真撮影を制止されることが多い。そんなことをして、何かあちらの得になるとは思えないのだが、ロシアを旅した人は必ず経験する。ははあ、そこにはこんな「小さな権力の行使」という心理が働いているのかもしれないぞ。非常に説得力がある。

もちろん、これだけを根拠にして「中国人とロシア人は似ている」などと飛躍したことを考えるつもりはない。それでも、ある社会体制に共通の要素が加わると、人は似たような行動をとるのではないか。そんな想像を膨らませてみたりするのも楽しい。

さて、『ひねもすのたり中国語』（またまた現代書館）では、最後のあとがきで心にしみることばを見つけた。

……コラムのような短い読み物では、いちいち注釈をはさみ込むわけにもゆかない。大上段から議論を展開するのもどうかと思う。文章の切れ味を優先するあまり、つい筆がすべることもある。嘘は書かないが、なかなか一律に一般化することは難しいと今回は強く感じた。（二一八ページ）

いくら正確に記述しても、それだけでは一部の専門家にしか読んでもらえない。エッセイにはエッセイの役割がある。だからこそ、語学エッセイが必要なのだ。

わたしと相原先生は、目指す言語が違う。そもそも、ロシア語と中国語に似ているところがあるとは思わない。それでも相原先生の本は、わたしに常にインスピレーションを与えてくれる。それは語学者としてのあるべき姿、そして書くべきエッセイのあり方が、明確に示されているからなのだ。

ロシア語で「ロシア語」は

ロシア語で「ロシア語」のことをрýсский язы́кという。

Я изучáю рýсский язы́к.　わたしはロシア語を勉強しています。

教師をしていた頃、язы́кがなくрýсскийだけで「ロシア語」というつもりらしい答案をときどき見かけた。うっかりязы́кを忘れているのかと考えたが、どうやら英語からの誤った類推で、I study Russian. の逐語訳なのである。その証拠にРусскийと大文字で始めているものさえあった。

だがロシア語の場合、рýсскийでは「ロシア語」という意味にならない。それでは「ロシアの」という意味の形容詞にすぎず、たとえ大文字で始めてもダメである。язы́кさえ忘れなければ、いくらでも応用が利く。

Я изуча́ю япо́нский язы́к.　わたしは日本語を勉強しています。
Я изуча́ю англи́йский язы́к.　わたしは英語を勉強しています。
Я изуча́ю францу́зский язы́к.　わたしはフランス語を勉強しています。

ちょっと難しいのは「ドイツ語」で、неме́цкий язы́кという。「ドイツ人」を意味するне́мецは「唖《おし》」という、現代では差別用語に属する語が起源である。ロシアから見ればドイツはほとんどお隣さん。見た目はそれほど変わらない人間なのに言語が通じないので、そりゃ相手のほうがおかしい、口が利けないようなもんだ、という発想なのだろう。「バルバロイ」と同じだ。

形容詞さえ増やせば、いろんな言語について話題にすることができる。だが、この原則があてはまらないこともある。

Я изуча́ю язы́к хи́нди.　わたしはヒンディー語を勉強しています。
Я изуча́ю язы́к суахи́ли.　わたしはスワヒリ語を勉強しています。

このように形容詞がない場合にはязы́к＋言語名（不変化）で表す。ウルドゥー語язы́к урду́やハウサ語язы́к ха́усаもこのパターン。

さて、この「勉強する」を「話す」に変えると、ру́сский язы́кは使えなくなる。

Я говорю́ по-ру́сски.　わたしはロシア語を話します。

こんどはпо-ру́сскиが「ロシア語」を表している。綴りをよく見ていただきたい。前にпо-が付け加わっただけではなく、最後のйが消えている。こういう細かいところに注意が必要で、外国語の初歩は何かと気を遣う。

по-ру́сскиは本来「ロシア風に」「ロシア人風に」という意味なので、「ロシア風に話す」のがロシア語を話すことになる。

形容詞が使えない言語の場合はどうすればよいか。

Я говорю́ на языке́ хи́нди.　　わたしはヒンディー語を話します。

このように前置詞наを使う。языке́はязы́кの前置格であり、入門期にはあまり使いたくない形。もっとも、языке́を省略してЯ говорю́ на хи́нди.でもいいらしい。少なくともпо-はつけない。

ところでру́сский язы́кとпо-ру́сскиはいったいどうやって使い分ければいいのか。いろいろ理屈をこねくり回すこともできるが、まずは動詞ごとに決まっているのだと覚えよう。

Я зна́ю ру́сский язы́к.　　わたしはロシア語を知っています。
Я люблю́ ру́сский язы́к.　　わたしはロシア語が好きです。
Я чита́ю по-ру́сски.　　わたしはロシア語を読みます。

Я пишý по-рýсски.
わたしはロシア語を書きます。

このようにзнатьとлюбитьはрýсский язы́к、читáтьとписáтьはпо-рýсскиと結びつく。

ところが「理解する」という意味のпонимáтьはрýсский язы́кでもпо-рýсскиでもいい。つまりЯ понимáю рýсский язы́к.とЯ понимáю по-рýсски.の両方が可能なのである。かえってややこしい。

さらにрýсскийには「ロシア人（男性）」という意味もある。こちらは名詞なのだが、初心者には複雑すぎて混乱してしまう。

複雑ついでに付け加えれば、язы́кには「舌」という意味もある。英語でもtongueは「舌」でもあるし「言語」でもある。ロシア料理のオードブルには牛タンを茹でたものがあって、これはなかなかおいしい。おいしいければ単語も覚える。ということで、язы́кはとても重要である。

かつて勤務先の大学に旧ソ連出身の研究者がいた。当時六〇歳に近かった彼は英語が得意でない世代。彼の所属する研究室の先生から、ロシア語の話し相手になってくれと頼まれて、このおじさんをときどき訪ねるようになった。彼は実験をするために来日したので、研究には困らないというのだが、研究室の同僚たちとどのようにコミュニケーションするのか、不思議だった。

あるとき、この研究室でバーベキュー・パーティーをするから来ませんかと誘われた。高級牛肉が出るというのに釣られて、喜んで出席すると返事をしたのだが、誰より喜んでくれたのがこのおじさんだった。

「ああ、わたしのязы́кが来てくれる！」

言語とはそれくらい大切なものなのである。

だがязы́кの登場を喜んだのは彼だけではなかった。同じ研究室のアメリカ人や中国人が、язы́кのいる間にふだんから尋ねたかったことをぜひ聞こうと、わたしを通して彼を質問攻めにしたのである！

かくしてわたしはダイヤモンドの精製法について、自分でもよく分からぬままに通訳することになってしまった。おかげでわたしのязы́кはフル回転となり、高級牛肉に舌鼓を打つ余裕は残念ながらなかったのである。

英文露訳の修業

ロシア語で作文するとき、日本語から直接では文法構造その他に隔たりがあり過ぎるので、英語経由で考えようとする人がいる。確かにそれでうまくいくこともあるが、新たな問題が生じてしまうときもあって、一筋縄ではいかない。

①「わたしは英語を勉強しています」→I study English.

この英単語を一つ一つ対応させると、Я изучáю англи́йский. となりそうだが、それではダメ。ロシア語のангли́йскийは「イギリスの」を示す形容詞に過ぎず、これだけでは「英語」の意味にならない。

Я изучáю англи́йский язы́к.

基本中の基本だが、язы́кがあってはじめて「英語」となる。またангли́йскийの語頭を大文字にしてはいけない。

②「誰も知りません」→ Nobody knows.

nobody = никто́, knows = зна́ет だが、それだけでは足りない。ロシア語では否定の要素がもう一つ必要となる。

Никто́ не зна́ет.

このようなнеをお忘れなく。

③「わたしはテニスをします」→ I play tennis.

「わたしはバイオリンを弾きます」→ I play (the) violin.

playはロシア語のигра́тьに対応するので、どちらもこの動詞を使えばいい。この点では英語からの発想も悪くないが、ロシア語では前置詞が必要になってくる。

Я игра́ю в те́ннис.

Я игра́ю на скри́пке.

しかもвの後は対格で、一方наの後は前置格。ああ、もう、面倒くさいったらありゃしない。

④「お腹がすきました」→ I am hungry.

「のどが渇きました」→ I am thirsty.

このように考えて、hungryやthirstyはロシア語でなんというのだろうかと調べる。すると辞書にはhungry = голо́дный, thirsty = испы́тывающий жа́ждуとある。ところが、これを使って作文をすると、とんでもなく不自然な表現になってしまう。ふつうは次のようにいう。

Я хочу́ есть.

Я хочу́ пить.

このように「食べたい」「飲みたい」と表現すればいい。

こうやって見ていくと、英語とは発想の違う表現がたくさんあることに気づく。ロシア語は英語ではない。当たり前のことだが。

世界に平和を！

ロシア語でもっとも有名な同音異義語は、おそらくмир［ミーる］だろう。一つは「世界」で、もう一つは「平和」という意味で、これをうまく使ったスローガンがソビエト時代には至る所で見られた。

Ми́ру мир!　世界に平和を！

はじめのми́руは与格なので「世界に」、二つ目のмирは主格と同じに見えるけど実は対格で「平和を」を意味する。なんともうまくできたスローガンなのだが、かつての冷戦時代を思い出すと、むしろ皮肉に響く。

名詞は同じでも、形容詞は形が違う。「世界の」はмирово́йで、一方「平和の」はми́рныйとなる。たとえば「第二次世界大戦」はВтора́я мирова́я война́で、「平和条約」はми́рный догово́рだ。こういう形容詞は語結合で覚えるといい。

「世界」と「平和」が同音異義語であっても、混乱することはあまり考えられないのだが、困った勘違いをしている言語学者に出会ったことがある。その人はВлади́мирの語源を「世界征服」という意味であると信じて疑わなかったのだ。

Влади́мирはロシア人男性によくある名前である。確かにвлади́（←владе́ть）は「征服」を意味する。極東の都市Владивосто́кはвосто́к「東」をвлади́「征服」、つまり「東方征服」という意味になる。こちらは間違いない。

だがВлади́мирのмирは「世界」ではない。「平和」のほうだ。つまり「平和を征する者」という意味なのである。

そもそも語源を考えた場合、мирが「世界」を意味したとは考えにくい。なぜなら古い時代のロシア語で「世界」のほうはもっぱらсветという語で示されていたからである。

このсветは現代ロシア語でも使われる。ところがсветもまた同音異義語で、「世界」のほかに「光」という意味でも使われる。現代では「光」のほうが使用頻度は高い。たとえばсвет луны́は「月明かり」のことで、《月世界》ではない。「月世界」はмир на Луне́となる。

「世界」のほうのсветには慣用表現がいろいろある。たとえばэ́тот светは「この世」、一方тот светは「あの世」となる。э́тотとтотがちょうど「この」と「あの」に対応していておもしろい。

同音異義語はさまざまな歴史的経緯の結果として生まれることが多い。その一つ一つを確認していくのは、なかなか骨の折れる作業だ。このような短い文を書くだけでも、あれこれ調べなければならなかった。

現代語をちょっとかじっただけで「世界征服」したような気になってはいけない。

コートはどこから

格変化が複雑怪奇とされるロシア語だが、一部の外来語は不変化である。学習者にとって非常にありがたいが、教材を作る側にしても、変化形を気にしないで使えるので便利である。

外来語のうち、物の名称は中性名詞が多い。метро́「地下鉄」やкино́「映画館」はそもそもoで終わっているので分かりやすい。その他такси́「タクシー」やменю́「メニュー」も中性。どれもよく使う。

注意が必要なのはко́феで、不変化の外来語なのだが、これだけは例外的に男性名詞である。形容詞をつければчёрный ко́фе「ブラックコーヒー」などとなる。初心者にはちょっとだけ難しい。でもわたしはコーヒーが大好きなので、ついつい教えたくなる。まあ、形容詞類をつけなければいいのだ。難しいことは後で覚えることにしよう。

これまでに挙げたものは、どれをとっても「いかにも外来語」という気がする。taxi, menu, coffee

は、対応する英語がすぐに浮かぶ。metroは「東京メトロ」のおかげで広く知られるようになった。ただし、すべてが英語経由でロシア語に入ったとは限らない。また、すこし分かりにくいのがкинó。これはcinemaと関係があり、ドイツ語でもKinoを使う。

さて、ロシア語の初級教材でよく出てくる不変化語にпальтóがある。「オーバー、コート、外套」という意味なのだが、不変化であるからには外来語であるはず。でも対応する英語が思いつかない。そこで調べることにする。

その結果、пальтóはフランス語が起源であることが分かった。paletotは仏和辞典によれば丈の短いコートで、両脇にはポケットが付き、前をボタンでとめるという。フランス語の場合、最後のtは発音しない。不変化語ではないが、restaurantがресторáнになるのも同じ理屈だ。

ちなみに同じコートでも、ゴーゴリの小説『外套』はшинéльを使う。こちらは軍人や学生の制服としての外套、あるいはインバネス・コートを指す。

大学三年生のころ、ロシア語会話の授業中にпальтóを度忘れしてしまい、なぜか代わりに浮かんだшинéльを使ってみた。ロシア人の先生は、難しい単語をよく知っていると誉めてくれたものの、それじゃ十九世紀みたいだからやっぱりпальтóにしなさいと直された。

Он хóдит в пальтó. 彼はコートを着ている。

やっぱり、変化しない語のほうが使いやすい。

フラットといわれても

квартираは非常に説明しにくい単語である。

といって、ロシアにしかないものではない。日本にだっていくらでも存在する。ただピッタリした訳語が見つからないのだ。

『博友社ロシア語辞典』によると、квартираは次のように説明されている。

（共同住宅のなかで一家族が占有する同一階上のひと組の部屋）

はぁ〜。分かったようで分からない。

（ ）がついていることに注意。これは定義であって、訳語ではない。訳語はどうなっているか?

「フラット」

英語のflatのことである。だがカタカナで「フラット」と書かれても、ますます分からなくなるだけ。

それって楽譜の記号?

お気に入りの『ルミナス英和辞典』（研究社）でflatを調べる。

一．マンション、アパート《共同住宅の同じ階の数室を一世帯が使っているもの》

だいぶ分かってきたぞ。つまりマンションやアパートの一室のことじゃないか。なーんだ、いまこの文章を書いている場所が、まさにквартираだったワケだ。

ただ日本語でマンションとかアパートといった場合、建物全体を指すことがあるので、『博友社ロシア語辞典』では正確を期して「フラット」としたのだろう。しかし授業中に「フラット」といっても、それで理解できる学生は残念ながら一人もいなかった。

Я живу́ в кварти́ре.　わたしはマンションに住んでいます。

これを「フラットに住んでいます」としたら、かえって分からない。

У меня́ есть кварти́ра.　わたしはマンションを持っています。

この日本語訳は「マンションの建物をまるまる所有している」という意味にもなる可能性がある。だがロシア語を見れば「ああ、その中の一戸を賃貸ではなくて買ったわけね」ということが分かる。そういう場合にも日本語では「わたしはマンションを持っています」と表現するしかない。

わたしの場合、マンションを建物ごと所有していたり、不動産経営をしていたりするような人が、自分も含めて身近に皆無なので、「マンションを持っています」といわれると「ははあ、квартираなんだね」と勝手に理解している。もしかしたら、「建物まるごと」というつもりの人もいたのかな？

辞書の定義では正確さが求められるが、伝わらなかったら何にもならない。その間で橋渡しするのが教師なのである。

女性宇宙飛行士と男性主婦

ロシアでトイレに行き、入口にMとЖが書いてあっても、決してあわててはいけない。Mが男性用で、Жが女性用である。

Mは偶然にも英語のMenの頭文字と一致するので、覚えやすい。残りのЖにしても、消去法で考えれば簡単に類推がつく。だが、ここでは正しくロシア語で理解することにしよう。

М：Мужчи́на　男性
Ж：Же́нщина　女性

発音に注意。Же́нщинаは［ジェーンシナ］で、これは比較的素直だが、Мужчи́наは［ムッシーナ］である。жч＝щとなり、さらにЖе́нщинаと比べてアクセントの位置が違うので、これにも気をつけたい。

ついでだが、муж「夫」とженá「妻」でも、頭文字は同じである。古い時代はмужとженáがそれぞれ「男」と「女」を表し、現代でもそういう用法がないわけではないが、学習者はしっかり区別して覚えたほうがいい。

Жの文字は本当におもしろい形をしていて、学習者の興味を引く。どうやって書くのか、書き順も含めて知りたがる人も多い。ところがロシア語の場合、筆記体には書き順があるが、活字体にはとくに決まりがない。なるべく似せて書いてください、としかいいようがない。ただし漢字の「水」にはならないように。

さて、わたしがかつてロシア語を勉強した教科書には、次のような例文があった。

Валенти́на Никола́ева-Терешко́ва — пе́рвая же́нщина-космона́вт.

ワレンチナ・ニコラエワ＝テレシコワは最初の女性宇宙飛行士です。

かつて、ソビエトといえば宇宙開発だった。男性宇宙飛行士ユーリイ・ガガーリンЮ́рий Гага́ринに続き、女性宇宙飛行士もソ連が先陣を切ったことがよっぽど嬉しかったらしく、教科書の例文では定番だった。

注目したいのはже́нщина-космона́втという語。ロシア語は男女の区別をマメにする言語だが、ふつうはстуде́нт / студе́нтка「学生」やучи́тель / учи́тельница「教師」のように接尾辞を使う。だが「女性宇宙飛行士」はже́нщина-космона́втなのである。口語ではкосмона́вткаともいうらしいが、же́нщина-космона́втのほうがやっぱりピンとくる。

このようにже́нщина-と男性名詞と結びつけ、新たに女性名詞を派生させることができれば、ずいぶん便利である。だが実際にはあまりない。理由は分からない。辞書でже́нщина-врач「女医」という語を見つけたが、いまどき使わないようだ。

反対にмужчи́на-で「男性〜」を示すことは、まったく例がない。でも女性しか表さない名詞にこれをつければ、表現が広がるはずだと想像するのだが。たとえば、わたしのように家事に勤しむ男性は、こうなるのではないか。

мужчи́на-домохозя́йка　男性主婦（？）

そこでロシア人相手に使ってみる。もちろん理解はされるのだが、みんなニヤリと笑う。どうもこのような表現はコミカルなニュアンスを持ってしまうようだ。

ちなみにдомохозя́инは「家長、家主」であって、ニュアンスが違う。わたしは「家長」とは程遠い。

ロシアのトイレの入口。МとЖの表示。Жの字がおもしろい形をしているが、ここに来る人はゆっくり鑑賞する余裕はないかもしれない。

まさか出合ってしまうとは

ロシア語にはмяで終わる中性名詞がある。

といってもたったの十語。名詞の性と語尾の関係を説明するとき、中性名詞の語尾にはоとеとмяの三種類あると説明するのが一般的だが、これはムダ。十語しかないмяで終わる語は、例外として扱うほうがよい。

たった十語しかない例外的な変化をする語ならば、入門書ではできれば触れたくないのだが、どうしても無視できない語が二つある。и́мя「名前」とвре́мя「時間」だ。教えないわけにはいかないが、単数の主格と対格以外の形は、なるべく避けるようにしてテキストを作る。ちなみに生格、与格、前置格はи́мени, вре́мениとすべてが同じ形となり、造格だけはи́менем, вре́менемとなる。

それ以外の単語となると、ほとんど使わない。бре́мя「重荷」、зна́мя「旗」やсе́мя「種」はまずまずの頻度ではあるが、なくてもなんとかなる。пле́мя「種族」、пла́мя「炎」あたりは、試験勉強で覚えるような単語だ。

それ以外のмяで終わる中性名詞となると、目にすることもほとんどない。те́мяは「頭頂部」、中年男性が薄くなりはじめる部分だ。そんなこと話題にしてはいけない。стре́мяは「鐙」、馬に乗るとき足をひっかけるところである。そもそも「あぶみ」と読めない人だって少なくないはずだ。

そしてвы́мяは「動物の乳房」。家畜業に携わっていなければ、出合うことはまず考えられないところが出合ってしまったのである。

大学院のとき、ヴェネディクト・エロフェーエフの『酔いどれ列車、モスクワ発ペトゥシキへ』の原書を授業で読んだ。後に邦訳を国書刊行会から出す安岡先生の授業である。その中で、べろべろに酔っ払った主人公が駅の食堂に入るのだが、シェリー酒を注文すると置いていないといわれる。

「なるほど、вы́мяはあるのに、シェリー酒はないのか」

実にシュールな会話であり、もともとこの作品自体がシュールなのだが、ここでвы́мяと出合って驚いた。

しかしどういうことなのか。改めて辞書を引いてみたのだが、「動物の乳房」以外の意味はない。どうやらこれをツマミとして食べるらしい。ホルモンみたいなものか。しかしその味は決しておいしくはないという。

こんな語は一生に一度出合うかどうか。でも、こんな出合いがなぜか嬉しい。単語は頻度の高いものから覚えていくのが王道とはいえ、このようなめったに使われない語を見つけるというのも、ちょっとした喜びをもたらしてくれるのである。

藍より青く

ロシア語には「青」という色を表す形容詞が二つある。

голубóй　「空色の、水色の」
сúний　「青色の、紺色の」

わたしはこの二つをよく混乱する。「空色」というが、空はいろんな色になる。голубóе нéбоもあれば、сúнее нéбоもある。それどころかсéрое нéбо「灰色の空」やчёрное нéбо「黒い空」だってあるのだ。

голубóйは薄くて明るい色らしい。голубóйはгóлубь「鳩」の首の色が語源だという。でも東京の鳩はなんとなく薄汚れていて、明るい青には思えない。こんどロシアへ行ったら、鳩の首もとをしげしげと眺めることにしよう。

一方си́нийはもっと濃い色。虹ではголубо́йとфиоле́товый「紫色」の間の色であるという。だったら「藍色」かな。
ロシア語＝英語辞典を引けば、си́нийがblueであるのに対し、голубо́йはlight-blueという訳語が与えられていた。うーむ、分かったような、分からないような。
語結合はどうか。色を表す語なので、いろいろな語と結びつく可能性がある。「目」だったらси́ние глаза́もголубы́е глаза́もある。「青い目をしたお人形さん」は、いったいどちらなのだろうか。もっとも、ある人がいうには、ロシア人でголубы́е глаза́はあまりお目にかからないという。これもこんど行ったら観察してみなければ。
もうすこし特徴的な語結合はないか。

си́няя пти́ца「青い鳥」
これはси́нийを使うことに決まっているらしい。そうそう、こういった情報が大切なのである。

голуба́я кровь「貴族の出、名門の出身」
なんでも貴族は青い血をしているらしい。エビやカニみたいだな。

си́ний от хо́лода「寒さで青ざめた」
голубо́й экра́н「テレビスクリーン」
こんなふうにさまざまな例を集めながら、語感をすこしずつ摑んでいく。

日本語に訳すときに、си́ний は必ず「藍色」とするべし、とは決まっていない。си́ний も голубо́й も「青」になることが多い。もとのロシア語を復元するときには、注意が必要となる。文学作品でも、あまり有名ではないが「青」の使われているものがある。

ザーイツェフ『青い星』Голуба́я звезда́
カザケーヴィチ『青いノート』Си́няя тетра́дь
カザコーフ『青と緑』Голубо́е и зелёное

それでは『青い山脈』はどうなるのだろう？

不定形はやさしいか

ロシア語動詞の不定形は、そのほとんどがтьで終わる。

だから分かりやすいのだ、というのがロシア語教師の弁。英語をごらんなさい、語尾だけでは動詞だか名詞だか形容詞だか、さっぱり分からないでしょう。ロシア語のほうがやさしいのです。

なにか虚しい。

不定形が一定の語尾で終わることを自慢する言語は、そのあとに面倒な活用形がたくさん続くのが相場である。不定形が多少見極めにくくたって、そのあとの活用が簡単な英語のほうが、楽に決まっている。

さらに「不定形の語尾が一定」であることを誇る言語は、よくよく聞いてみるといろいろと例外が存在する。そしてこの例外というものが、学習者を常にガッカリさせるのである。

ロシア語の場合、動詞の不定形語尾はтьのほかにчьとтиがある。もちろん、圧倒的に多いのはтьだ。だが、чьやтиだって珍しくない。統計的に何パーセントなのかは知らないが、たとえ初級でもчьや

тиで終わる動詞がときどき出てくる。

不定形がчьで終わる動詞の代表はмочь「できる」だろう。あとに必ず不定形を伴う。それはいいけれど、мочьそのものを不定形で使っているのには出合ったことがなく、思いつくのは活用した形ばかり。

Вы мóжете помóчь мне?　手伝ってくれますか？

помóчь「手伝う」も不定形がчьで終わっている。ほかにもберéчь「大切にする」とлечь「横になる」あたりがよく使われるかな。しかもこういうタイプの動詞は、だいたい面倒な活用をするので、登場するだけで憂鬱になる。

不定形がтиで終わる動詞のほうはидти́「行く」、нести́「運ぶ」、вести́「連れていく」といった運動の動詞とその派生語で、これまたたくさんある。

なーんだ、ть以外で終わる動詞の不定形も結構あるじゃん。

そうなのである。だからちっとも「楽」ではないのだ。

さらに困るのは、たとえ最後がть, чь, тиで終わっても、動詞の不定形ではない語も存在することである。

たとえばкровáть。これなんか、いかにも動詞でございますという顔をしているが、「ベッド」という意味の名詞なのだ。

ほかにもпáмять「記憶」やлóкоть「肘」なんていうのもある。さらにмéлочь「小銭」やпочти́「ほとんど」にしても、動詞でないことは意味を知らなければ見当がつかない。

つまりть, чь, тиは動詞の不定形語尾だけではない。だから簡単だなどという気休めをわたしはいわない。

でも不定形はなかなか使える。

Не кури́ть　禁煙

こういう場合には不定形が活躍する。

また疑問詞といっしょに使って義務を表すこともある。

Что де́лать?　何をするべきか？　→　どうしよう？

品詞が分からないと、まさに「どうしよう？」状態になってしまう。

ないわけではない

うちのカミさんはチェコ語の教師である。かつてはロシア語も教えていたし、スロベニア語の入門書や辞書なんかも作っているが、大学では主にチェコ語を担当している。ロシア語もチェコ語もスロベニア語も、すべてスラブ系の言語。わが家ではスラブ系の言語に関する話題が多い。

先日、カミさんがこんなことをいった。

「チェコ語で『安全な』という意味のbezpečnýと、その反対語の『危険な』nebezpečnýって、ときどきどっちがどっちか混乱しそうになるの。だって、neとかbezとかがいくつも並んでいて、どれがどれを否定しているか分からなくなるんだもの」

チェコ語の接頭辞neはロシア語のне「〜ではない」、またbezはбез「〜なしの」に、それぞれ相当する。nebezpečnýはne＋bezpečný、つまり「安全ではない」ということだから、確かに混乱しそうになる。そもそも、ne＋bezというのが、二重否定みたいで分かりにくい。それでいて、*pečnýという形容詞はチェコ語にないのだから、さらにややこしくなる。

この話を聴いて、ふと思いついた。

ロシア語にはне＋безのような、まるで二重否定のような接頭辞があるのだろうか。考えてみたのだが、一つも浮かばない。

そこで『岩波ロシア語辞典』を引いてみる。すると、接頭辞небез...やнебес...が見出しになっており、こんな説明があった。

《名詞派生の形容詞に付いて》…がなくはない、かなり…な

そうか、やっぱりあるんだな。正書法の関係でнебез...とнебес...の二つのバリエーションがあるようだが、実質は同じだ。では、具体的にどんな単語があるのか。

небезврéдный　多少とも有害な、かなり有害な
небезнадёжный　望みがなくはない、絶望的ではない、少しは希望が持てる
небезуспéшный　まんざら失敗でもない、ある程度の成功を収めた、かなりうまくいった
небесполéзный　多少とも役立つ、かなりためになる、かなり有益な
небесспóрный　議論の余地ある、かなり問題のある

どれも「ないわけではない」といった感じで、二重否定のように見える。небесспóрныйをもとにその関係をまとめれば、спорный「議論の余地がある」→бесспóрный「議論の余地がない」→

небесспóрный「議論の余地がある」となる。

しかしспóрныйとнебесспóрныйではニュアンスが違うはずであり、небесспóрныйには「議論の余地がないわけではない」といったような訳語を与えたい。

небес- ではじまる語のうちたった一つの例外はнебéсный「空の、天の」で、これはそもそもнéбо「空、天」なのだから語形成が違う。一緒にしてはいけない。

さて問題の「安全／危険」であるが、ロシア語には次のような語があった。

небезопáсный　安全とはいえない、相当危険性の高い、かなり危ない、相当有害な

どう考えても、опáсный「危険な」とは同じではないようだし、безопáсныйの反対語とも違う。微妙なニュアンスだ。

このように、ロシア語とチェコ語といった系統の近い言語間でも、いろいろ違いがある。どれも似たようなものだろうと高をくくるのは、nebezpečnýであり、опáсныйなのである。

違いが微妙すぎて

もし世界中のあらゆる言語で語彙が一対一対応をしていたら、外国語学習ははるかに楽だったことだろう。だが現実はそうではない。たとえばロシア語でも、日本語の視点からすれば「どうして区別するのだろう?」というような単語がいくつもある。

まずстáнцияとвокзáл。「駅」という日本語を与えてしまうと、区別がつかない。стáнцияは電車や地下鉄の駅全般を表すが、вокзáлはターミナル駅である。東京だったら東京駅、上野駅、新宿駅、品川駅などがвокзáлということになる。もっとも、どの路線かにもよるだろう。

「電車」もちょっと分かりにくい。пóездとэлектрúчкаがあるのだが、前者は長距離列車で、後者は短距離の郊外電車だという。新幹線はпóездで、山手線はэлектрúчкаなんだろうけど、どっちだか判断に迷う路線もある。

Я éзжу на рабóту на пóезде.　わたしは列車で通勤しています。
Я éзжу на рабóту на электрúчке.　わたしは電車で通勤しています。

ロシアではこの二つの違いは明らかなのだが、日本に当てはめると難しい。便宜的に「列車」と「電車」という訳語を与えてみたが、これでみんなが納得するとは思えない。

ついでだが、最近の東京の鉄道駅は地下に設置されるものが増えてきた。するとロシア人はこれをметро́と呼ぶ。かつての職場だった大学がある目黒線大岡山駅のことを、あるロシア人がста́нция метро́といって、一瞬、戸惑った記憶がある。

そうそう、大学も二つある。университе́тは「総合大学」で、институ́тは「単科大学」。これは英語のuniversityとcollegeに対応するので、まあ分かりやすいだろう。

かつてソ連ではуниверсите́тが各都市に一校しかなかった。地方都市のста́нция метро́にはよく《университе́т》というのがあって、わたしは地下鉄に乗りながら、日本だったら「明大前」とか「駒場東大前」なのに、この国はこれでいいのかと、妙に感心した。当時唯一の例外といっていいのはモスクワで、ここはモスクワ国立大学 Моско́вский госуда́рственный университе́тと民族友好大学 Университе́т дру́жбы наро́дов の二校があった。とはいえ最近では、университе́тのほうが外聞がいいのか、かつてのинститу́тがどんどんуниверсите́тに改名している。

さてинститу́тにはすこし注意が必要で、「単科大学」のほかに「研究所」という意味もある。どちらの意味で使っているかは、実際の組織を調べなければ分からない。

ロシア語を学ぶある会社員が、職場でинститу́тの意味を尋ねられ、「単科大学」あるいは「研究所」だと答えた。するとその上司曰く「お前は会社の金でロシア語を勉強しておきながら、そんな区別も分からないのか！」

この上司の頭の中では、世界中のあらゆる言語で語彙が一対一で対応しているのだろう。

手紙の書き方

ロシア語で手紙を書くとき、宛名は与格で表す。

Смирно́ву Алекса́ндру Ива́новичу　スミルノフ・アレクサンドル・イワノヴィチ様

Ябо́рскому Никола́ю Серге́евичу　ヤボルスキー・ニコライ・セルゲーヴィチ様

こういうときには名字・名前・父称の順番で並べるのが慣例。

そういえば、かつてロシアで知り合った友人たちは、住所を交換するときに自分の名前を与格で書いてくれたっけ。宛名にそのまま書けるようにというつもりだったのだろう。初心者に対する配慮が行き届いている。

女性の場合、ヤボルスカヤЯбо́рскаяのような形容詞型変化の名字は、素直にЯбо́рскойとすればいいが、ова, ева, инаで終わる名字の与格には注意が必要だ。

Петро́вой Наде́жде Андре́евне　ペトロヴァ・ナジェージダ・アンドレーヴナ様

Мари́ниной Еле́не Миха́йловне　マリーニナ・エレーナ・ミハイロヴナ様

このようにеではなくてойという語尾がつき、ちょっと変わっている。念のために変化をチェックしておくと、たとえばイワーノヴァだったら、主格Ивáнова、生格Ивáновой、与格Ивáновой、対格Ивáнову、造格Ивáновой、前置格Ивáновойとなる。

手紙の宛名を書くだけで、格変化を思い出さなければならないのだから、ロシア語は本当に厄介である。でも、間違えると失礼だし恥ずかしいので、かつては変化表を確認しながら注意深く書いた。

住所はもちろん格変化しない。さらにありがたいことに、日本と同様に大きいカテゴリーから書いていく。つまり「都市名・通り名・住居番号・部屋番号」という順番になる。英語みたいに通り名から始めたりはしない。この住所を書いてから、相手の名前を与格にして表すのである。

宛名は与格なのに、手紙の書き出しは主格である。

Дорогáя Марúя!　親愛なるマリアさん

Увáжаемый Антóн Петрóвич!　尊敬するアントン・ペトロヴィチ様

ここは呼びかけているので、与格にはしない。

古いロシア語では、呼びかけのための特別な格があった。呼格《こかく》звáтельный падéж といったのだが、現代ロシア語ではその使用がごく限定されている。

Бóже!　　神よ！　（主格はбог）

Гóсподи!　　主よ！　（主格はгоспóдь）

神さまに手紙を送る予定がなければ、書くことはあまりなさそうだ。

三人称のみ、だけど……

ロシア語の初級テキストを読んでいると、自然現象を表す動詞が意外なほど頻繁に出てくる。

Со́лнце све́тит.　太陽が輝いている。

Ве́тер ду́ет.　風が吹いている。

О́блако течёт.　雲が流れている。（これは少々詩的な感じ）

文学的な表現に思えなくもないが、テキスト執筆者にしてみれば、そんな悠長な話ではない。初級のため現在形しか使えないとか、主格以外の格はダメといった条件の中で、なんとかして物語を紡ぎ出そうとしているのである。切実な問題なのだ。わたしにもよく分かる。

だがсветить「輝く」、дуть「吹く」、течь「流れる」といった動詞には、残念ながらあまり汎用性がない。せっかく覚えても、初級段階では上のような例文以外では、まずお目にかからないのである。

初級用の辞書を見ると、このような動詞には《三人称のみ》とか《一、二人称なし》などといった指示がされている。確かに「わたしは吹く」なんていう文はふつう作る必要がないので、そういう指示も親切である。

しかし言語の世界というのは、冒険に満ちている。作家や詩人は常に新しい表現を追い求めているし、一般人だっておもしろい表現や洒落た言い回しは大好きである。文法的な実験だってしてみたい。

それだけではない。条件が揃えば、思わぬ文法の形が必要になることだってありうるのだ。

以前、まだロシア語が初級レベルだった頃、映画館で旧ソ連製のアニメーションを観ていた。主人公の動物が、川にポチャンと落ちてしまうのだが、彼はあわてて這い上がろうとするわけではなく、その流れに身を任せながら、こんなことをつぶやく。

Я теку́. ボクは流れている。

わたしはひどく驚いた。ちょっと待て、течьって《三人称のみ》じゃなかったっけ？ текýなんて形、本当に使うことがあるの？ だがその様子は、Я текý. 以外に表現のしようがなかった。

基本は《三人称のみ》、だけどいろんな場合がある。

それが言語なんだなあ。

ところでこのアニメーション、どれだったか調べてみたのだが、どうしても分からない。ノルシュテイン監督の有名な『霧につつまれたハリネズミ』*Ёжик в тума́не*かと思ったのだが、改めて観てもそんなセリフはなかった。他にもいくつか当たってみたのだが、どうにも見つからない。

どうやら、私の記憶から「流れて」しまったようだ。

求む、不変化詞

大学に勤めていた頃のある夏休み。わたしはロシア語の入門書を書き上げるというノルマを抱えていた。八月に入ってから、ほぼ毎日のように取り組んでいたことを思い出す。

入門書を書くとき、難しいのは語彙と文法事項をどのような順番で取り上げていくかである。すでに習った語や変化形は繰り返し使えるが、そうでなければダメ。当たり前のことだがこれが難しいのだ。ロシア語のようにやたらと活用・曲用する言語は、初歩の段階で「あれもこれもいえない状態」になってしまう。

こういうときありがたいのが不変化詞である。

かつて多くの先人たちは入門書に必ずＣＣＣＰ「ソ連」を使っていた。これだと、たとえば所有や場所を表すとき、生格や前置格として形を変えなければならないときでも、不変化なのでそのままでよいのである。これは楽だ。だが、今ではもちろん使えない。

書いているうちに、通りの名前が必要になってきた。ロシア語の通り名は「улица＋固有名詞の生格」が基本なのだが、生格はまだやっていない。困った。「慣用表現」として逃げる手もあるのだが、そういうことはなるべくしたくない。それにýлица Чéховаがなぜ「チェーホヴァ通り」ではなくて「チェーホフ通り」なのかということに注目されてしまったら、肝心のその課のテーマがぼやけてしまう。

ロシア・旧ソ連の通りの名前は偉人名が多い。その中で不変化となるのは非ロシア系の人名である。あちこちの街で通り名になるほど有名なのに、日本ではあまり知られていない偉人が二人いた。

一人はフルンゼФрýнзеで、中央アジア・キルギス出身の革命家である。第一次世界大戦では西部戦線で活躍し、革命後の内戦期は司令官を務める。二〇～二四年にはウクライナ人民委員会議副議長を務めているので、こりゃウクライナ人から嫌われているだろうな。かつてはキルギスの首都もフルンゼといったが、今ではビシケクという昔の名称に戻っている。

もう一人はオルジョニキゼОрджоникúдзеで、こちらはグルジア出身の革命家だ。内戦を平定した後はスターリン派の幹部として活躍するが、最後は粛清に抗議して自殺している。暗いエピソードである。彼の名を記念して一時は北オセチア共和国の首都名にもなったが、今では旧称ウラジカフカスに戻っているはず。

……どちらもあまり人気がなさそうだ。

どこの街にもありそうな通り名がほしかったのだが、そういうのに限って現在では改名されている可能性もある。いろいろ悩んで、結局ýлица Шевчéнко「シェフチェンコ通り」にした。ウクライナの偉大な詩人なら失脚しそうにないから安心である。

でも日本では、人気サッカー選手の名字から採ったと思われるだろうな。

（追記　実はこの入門書は白水社の『ニューエクスプレスプラス ロシア語』です）

出しゃばってはいけない

外国語学部で教えているとき、「自分の専攻する言語の特徴を挙げなさい」という課題を出したところ、ロシア語専攻の多くが「語順が自由」と答えてきた。おそらく教師がそういう説明をしているのだろうが、間違っている。

ロシア語は語順が自由なのではなく、いろいろな可能性があるのにすぎない。たとえば「明日わたしはカーチャと映画へ行きます」という日本語に対しては、次のような語順が考えられる。

За́втра я пойду́ в кино́ с Ка́тей.
Я за́втра пойду́ в кино́ с Ка́тей.
Я пойду́ в кино́ с Ка́тей за́втра.
За́втра я с Ка́тей пойду́ в кино́.
В ки́но я пойду́ с Ка́тей за́втра.

これはまだ一部で、可能性としてはさらに考えられる。そのニュアンスは微妙に異なるのだが、日本語で訳し分けることはおろか、ロシア人でさえその違いを説明することが難しい場合さえある。文脈にもよるし、何を強調したいかによって、語順は変わってくる。

ただ、いくつかの語については、少なくとも絶対にいけない並べ方がある。たとえば前置詞は文末に置いてはいけない。それではすでに「前置」ではない。

単語の中には、文頭に置いてはいけないものもある。

Ско́ро ли придёт Ка́тя?　カーチャはすぐに来るのですか。

このлиは尋ねたい語の直後に来るので、文頭はありえない。лиがなくてもКа́тя ско́ро придёт?のような疑問文が作れるが、лиのおかげでскороについてとくに尋ねたいことがはっきりする。

また条件法を作るбыも、文頭には来ない。

Я бы с удово́льствием пошёл за́втра в кино́.　明日だったら喜んで映画に行くのですが。

ただし、このбыはいろんな位置に来る可能性がある。

Я с удово́льствием пошёл бы за́втра в кино́.

Я с удовóльствием бы пошёл зáвтра в кинó.

もうひとつ、強調を表すжeも文頭に置いてはいけない。

Я же тебé говорúл. わたしが君に話したんだよ。

жeは強調したい語の直後に置くのが原則。「いったい」「他ならぬ」などと訳すこともあるが、無理に日本語にすると不自然になることがあるので注意。ついでだが、このжeが使いこなせるようになったら、ロシア語もかなりのレベルであると、わたしは常々考えている。

とにかく、ли, бы, жeは文頭に置いてはいけない。この三つは出しゃばらない。謙虚なのだ。でもそれ以外となると、なんともいえない。だからわたしはロシア人に必ずチェックしてもらう。わたしのロシア語をチェックしてくれるロシア人は、謙虚な人が多い。だからわたしの作文に対しても、「うまくは説明できないのですが、こちらの語順のほうがよいと思いますよ」と前置きしてから、遠慮がちに直してくれるのである。

ли, бы, жeのように、出しゃばらない人の言語感覚を、わたしは信じている。

品詞の品格

外国語学習で品詞を覚えることは、およそ実用的でないと考えられている。ある単語が副詞か接続詞か、そんなことが分からなくても、ロシア人はロシア語を話しているではないか。品詞論は「文法のための文法」であるかのような、悪いイメージがつきまとう。

だが、品詞が分からないと困るときもある。

たとえばロシア語のвчера́「昨日」сего́дня「今日」за́втра「明日」はすべて副詞である。つまり、これらが文の主語になることはできない。

За́втра бу́дет четве́рг. 明日は木曜日です。

一見すると、за́втраが主語のように思えるが、そうではない。主語はчетве́ргのほうだ。これは過去になるとはっきりする。

Вчера́ был четве́рг. 昨日は木曜日でした。

動詞がбылと男性形なのは、主語のчетвéргが男性名詞だからである。それなのにвчерáを-aで終わる「女性名詞」の主語だと勘違いして、動詞をбылáのように女性形にする間違いがよく見られる。

副詞は格変化できない。「昨日の」といいたくても、вчерáの-aを無理やり-ыに変えて、生格というわけにはいかないのである。

それでは「昨日の新聞」はどのように表したらいいのか。

вчерáшняя газéта

このように形容詞を使うしかない。長くて面倒なのだが、他に方法がないのである。

дóмаも副詞である。この一単語で「家で」「自宅で」という意味になる。

Ивáн рабóтает дóма.　イワンは家で仕事をしています。

だがこのдóмаに、場所を示す前置詞вをつけたくなってしまう人がいる。英語のat homeが念頭にあるのかもしれないが、それは間違い。

もちろん名詞домならば前置詞вとともに用いることができる。ただし、そのニュアンスはちょっと違う。

Ивáн рабóтает в дóме.　イワンは建物の中で仕事をしています。

これだから言語は難しい。とくに副詞は、その形からは品詞の判断がつかないので、注意が必要なのである。

いや、副詞に限ったことではない。品詞は形だけで分かるものではない。すでに言及したが、-ть

で終わるけど、動詞の不定形ではない単語なんて、крова́ть「ベッド」（女性名詞）、сеть「網」（女性名詞）、ло́коть「肘」（男性名詞）、путь「道」（男性名詞）、чуть「ほんのすこし」（副詞）、пять「五」（数詞）と、いくらでもある。形に騙されてはいけないのだ。

品詞に対してどのような態度で臨むか。このとき学習者の品格が問われる。

今夜「も」最高！

最上級は難しい。

まず作り方。方法は二つあって、一つは -ейш- や -айш- といった接尾辞をつける。

краси́вый　美しい　→ краси́вейший
широ́кий　広い　→ широча́йший

もう一つ、са́мыйと一緒に使うパターンがある。

тру́дный　難しい　→ са́мый тру́дный

現代語ではса́мыйを使う方が広く用いられているし、作り方としてもずっと簡単だ。

両方の形もありうる。

бли́зкий　　近い　　→ ближа́йший / са́мый бли́зкий

このあたりは分かる。英語でも最上級で -est をつける場合と、mostと一緒に用いる場合の両方が可能な形容詞もあるから、(たとえばangryの最上級はangriestあるいはmost angry)、その辺の事情は変わらない。

だがロシア語の最上級は、これをダブルで使うことのできる場合があるというから不思議だ。

Где нахо́дится са́мая ближа́йшая ста́нция?　もっとも近い駅はどこにありますか?

なんだか「屋下に屋を架す」ような表現。

そもそも、最上級って何だろう?　「最上」っていえばナンバーワンという気がするのだが、次のようなよく見かける例文は本当に「最上」なのか。

Э́то оди́н из са́мых прести́жных в ми́ре кинофестива́лей.　これは世界でもっとも権威のある映画祭の一つです(?)。

「最上」というのなら、何よりも抜きん出ているものを指し、当然ながら世界に一つしか存在しないはず。それなのに「もっとも〜のうちの一つ」というのだから分からない。いったい「最上」がいくつあるのか。

これを解くカギはса́мыйの捉え方にある。「もっとも」と考えるからいけない。これは「ある特徴が非常に著しい」という意味なのだ。そう考えれば、са́мый ближа́йшийにせよ、оди́н из са́мыхにせよ、納得がいく。

ではоди́н из са́мыхをどのように訳すか。ある人は「有数の」というのを考え出した。

「これは世界有数の権威ある映画祭です」

この訳には感心した。「もっとも上手な訳し方の一つ」である。

あれ？

ビートルズで学ぶ受動形動詞

ロシア語版のビートルズをご存じだろうか。

もちろん、ビートルズ自身が歌っているのではない。彼らはドイツ語で歌ったことはあるが、さすがにロシア語はない。そうではなくて、ロシア人によるビートルズのカバー曲である。

十数年前に手に入れたБитлз навсегдáというCDは、ビートルズの有名な曲をロシア人のグループがロシア語で歌っているのだが、声の感じも近いし、なかなかよくできている。

タイトルのロシア語訳もまたおもしろい。From me to youはЛюбóвь к тебé（「君への愛」か、なるほど）、YesterdayはВчерá（そりゃそうだ）、Yellow SubmarineはЖёлтая подвóдная лóдка（長いな）となる。

その中で気になるタイトルがあった。原題はShe loves youで、いわずと知れた名曲なのだが、そのロシア語訳は次のようになっていた。

Ты любим

あれ、これっておかしくない？

動詞любитьの二人称単数現在、つまりтыのときの形はлю́бишьである。それに対してлюбимは一人称複数現在、つまりмыのときの形。こんな初歩的な間違いをロシア人でもするのか。

いいえ、そうではありません。

この場合はлюбимで、люби́мый「愛されている」の短語尾形。アクセントはиにある。原題だって「彼女は君を愛している」なのだから、ロシア語訳にしても「君が愛している」じゃなくて「君は愛されている」じゃなければおかしい。もちろんОна́ лю́бит тебя́でもいいのだろうけど、メロディーにうまく乗せるためには、音節を整える必要があるから、こんなテクニックを使うこともある。

このлюби́мыйはлюби́тьの受動形動詞現在である。「〜される」を表すこの形は、現代ロシア語文法ではめったにお目にかかることがない。

東一夫・多喜子『標準ロシア語入門』（白水社）には次のような例文が載っている。

В газе́тах, получа́емых на́ми, ча́сто быва́ет статьи́ о теа́тре.

私たちがとっている（私たちによって受取られている）新聞には演劇の記事がよく出ている。（一八六ページ）

このполуча́емыхが受動形動詞現在なのである。特徴は-мыйという語尾。

現在ではふつう使わない。В газéтах, котóрые мы получáем… と、関係代名詞を使えば充分だ。入門書などでは、そもそも受動形動詞現在を扱わないものが多い。もちろん、たまには出てくる。

оплáчиваемый óтпуск　有給休暇

だがこういう例は少ないし、多くの場合は形容詞として分類されている。любúмыйがそうだし、その他にもпознавáемый「認識しうる」、непреодолúмый「克服しがたい」、нерушúмый「揺るぎない」といったものはときどき見かける。いちばん使うのはуважáемый「尊敬する」かな。他に語結合としてはископáемое серьё「地下資源」なんていうのもある。

とはいえ、どれも頻度はそれほど高くない。ということで、初級段階では扱わないことが多い。しかもその短語尾形なんて、めったにお目にかかれるものではない。

それがビートルズのロシア語版では登場するのである。すばらしい経験ではないか。

Ты любúм の歌詞の冒頭はЛюбúм ты --- да, да, даである。yeh, yeh, yehがда, да, даになるのである。これだけ覚えても、最初の部分は歌える。

でも初級者がты любúмって覚えるのは、教師として困るなあ。

だからこの歌はやっぱりやめて、代わりにВчерáを勧めよう。

Лишь вчерá…

真打登場？

面倒な動詞の活用に加え、名詞、代名詞、形容詞、さらには数詞まで変化するという厄介なロシア語。途中で挫折してしまう人も残念ながら少なくない。挫折はしないまでも、初級文法を修める前に授業のほうが時間切れとなることもある。大学の場合、第二外国語に与えられた時間は極端に少ないため、ていねいに復習しながら進めていけば、最後まで到達しないこともしばしば。この現状は教師には変えようがない。仕方がないので、入門書で扱う内容を限定することになる。

ところで、ロシア語文法を「ひと通り」学ぶとすれば、最後に登場する文法項目は何か。途中で終わってしまう大多数の学習者のために、今回はこれを紹介しよう。

教材によって取り上げる項目の順番が違うのはもちろんだが、ロシア語の場合、最後に登場するのはだいたい決まっている。

副動詞である。

Он до́лго стоя́л там, чита́я кни́гу.　彼は長い間そこに立って、本を読んでいました。
Прочита́в кни́гу, он пошёл гуля́ть.　本を読んでから、彼は散歩に出かけました。

このчита́яやпрочита́вが副動詞である。こんな語尾はそれまで見たことがないはずだ。

副動詞のうち、чита́яのように不完了体動詞から作られる副動詞は、主文と同時におこなわれる動作を示す。例文では「本を読む」のと「長い間そこに立っている」のは同時なのである。

一方、прочита́вのように完了体動詞から作られる副動詞は、主文より前に完了した動作を示す。「散歩に出かける」より前に「本を読んだ」わけだ。

細かいことを指摘すればばきりがないが、まあこんなところかな。

それほど難しくもなさそうだが、それではどうして最後に登場するのか。理由はいくつかある。

まず副動詞を使うと、文体として硬い。主として書きことばなので、会話中心である今どきの教材では、あまり出てこない。

さらに副動詞を使わなくても、表現の上で困らない。

Он до́лго стоя́л там и чита́л кни́гу.　彼は長い間そこに立って、そして本を読んでいました。
Он прочита́л кни́гу, а пото́м пошёл гуля́ть.　本を読み終えて、それから散歩に出かけました。

このほうがやさしいし、会話としても自然だ。

とはいえ、初級文法を「一通り」勉強したあとは、実際に読み物に挑戦していくことになるわけで、そうなったらこの副動詞も登場する可能性がある。だから最後に「おまけ」のように勉強する。そういえば、英語でも分詞構文というのはたいてい最後であった。

もっとも慣用表現では会話でも使われる。

Че́стно говоря́, дееприча́стия в совреме́нном ру́сском языке́ не о́чень ва́жные. 正直にいって副動詞は現代ロシア語でそれほど重要ではない。

このЧе́стно говоря́「正直にいって」くらいは覚えておくといい。

入門書は最後の項目が最重要なのではない。「真打登場」とはいかないのだ。

初級・中級・上級

エッセイだけでなく、ロシア語の教材をまとめる仕事も、常にいくつか抱えている。現在は文法を並行して書いているのだが、一つは初級、一つは中級、さらに一つは上級で、出版社もレベルも、さらにはわたしの頭の中までバラバラである。

ところで、初級・中級・上級はどこで区別をつけたらいいのか。

おそらく、比較的はっきりしているのは、初級ではないか。初級はロシア語をまったく知らない人に向けた教材である。多くの場合は文字と発音の関係、それからЭто кни́га.「これは本です」とかОна́ ру́сская.「彼女はロシア人です」といったレベルから、順を追って教えていく。ということで、はじまりはいいとしよう。

では、どこまでが初級なのだろうか。

たとえば関係代名詞は初級の範囲か。条件法は、受動形動詞は、副動詞はどうか。形容詞の短語尾形や比較級、最上級を扱わないという方法もある。いったい、どう判断したらいいのか。

初級の範囲が分からなければ、中級も決まらない。上級も同じ。

もちろん、基準なんて自分で作ればいいのである。だがこれはなかなか難しい。しかも、決めたところで自信が持てない。そこで、よそ様の書いた教材などを「参考」にする。

旧ソ連時代の有名なロシア語教材であるニーナ・ポターポヴァの*Learning Russian*のテキスト部分を拾い読みしてみた。内容は現在ではおよそ時代にそぐわなくなってしまったが、やさしい語彙と文法で作られたテキストはそれなりによくできている。だが、次の文を見たとき、ちょっと考えてしまった。

Все дéти колхóзников хóдят в шкóлу. Они́ изучáют те же предмéты, что и дéти в гóроде.

コルホーズ員の子どもたちはみんな学校へ通っています。彼らは町の子どもたちと同じ科目を勉強します。

なんということのない文である。文法のテーマは運動の動詞および前置詞 в と на で、ごく初歩的な内容だ。

コルホーズ員が出てくるあたりが時代を感じさせるが、それはいい。わたしが注目したのは те же предмéты, что и の部分である。新出単語には「те же... что : the same... as」とだけある。だが、そんなに簡単なものだろうか。

また、こんな例もあった。

В СССР же́нщины име́ют таки́е же права́, как и мужчи́ны. ソ連では女性は男性と同じ権利を持っています。

これも「тако́й же : the same」と、そっけないくらいシンプルな注があるのみ。

だがこういうものこそが、初級段階ではなかなか捉えきれない、むしろ中級や上級に属する文法ではないだろうか。

те же... что にせよ、тако́й же にせよ、その一つ一つはごく基本的な語彙ばかり。だが、それを組み合わせても「同じ」という意味にはならない。しかも те や тако́й は性や数や格によって変化する。だいたい、тот же... что と тако́й же... как はどのように違うのか。これはなかなか難しいぞ。

ロシア語は初級の段階でいろんな変化を覚える必要があり、それが文法だと思い込みがちだ。しかし本当の文法とは「辞書を引いても分からないこと」ではないか。

初級　基本的な変化

中級　複文と文章語的表現（形動詞や副動詞など）

上級　辞書では解決できない事項

こんなふうに自分の基準を作ってみたのだが…、やっぱり自信が持てない。従って、文法書もなかなか筆が進まない。

どんなに経験を積んでも、教材を書くのはいつでも一苦労。「同じ」ということは決してない。

（追記　差し当たり初級だけは『初級ロシア語文法』（三修社）というかたちでまとまった。ただし一部には中級の範囲も扱っている）

自宅が映画館

映像世界の技術革新は、急速の進歩を遂げている。
まず映画が生まれた。
映画はテレビによって自宅で観られるようになった。
さらにビデオによって好きなときに観られるようになった。
そして今ではＤＶＤによって、映画は言語を選べるようになったのである。

ＤＶＤは毎晩のように観ている。好きな映画は何度でもくり返し観て楽しむ。今や自宅がお気に入りの映画館である。

くり返し観るときには、そのたびに音声や字幕を替えてみる。アメリカ映画を一回目は英語音声と日本語字幕で観て、二回目は英語音声と英語字幕で観て、三回目は英語だけで観る。こういうものが学生時代にあったら、外国語の勉強と称して、もっと映画を観たことだろう。

さて、ロシア語である。日本でも入手可能なロシア・ソビエト映画のＤＶＤは意外と数が多い。発売後しばらく経つと入手困難になるものも少なくないが、外国語としては人気が高いのに映画はそれほど紹介されていない国もたくさんある中で、非常に恵まれているといっていい。

その中から、お薦めの三作品を選んでみたい。

だが、これはなかなか難しい。たくさん紹介されているので、そのジャンルもさまざまだ。文学が原作である文芸映画から、戦争映画やアクション映画まで、その範囲は広い。エミーリ・ロチャヌー監督の『狩場の悲劇』*Мой ла́сковый и не́жный зверь* は、主人公がとにかく美しい。同じ監督でも『ジプシーは空に消える』*Та́бор ухо́дит в не́бо* となると、主役はまったく違うエキゾチックな美人タイプ。異色作では『シャーロック・ホームズとワトソン博士』*Приключе́ния Ше́рлока Хо́лмса и до́ктора Ва́тсона*（監督イーゴリ・マースレンニコフ）で、ソ連製ホームズはなかなかよくできており、イギリスで賞まで取ったという。

だが、今回はロシア人を理解するための映画に厳選してみる。

まず『不思議惑星キン・ザ・ザ』*Кин-дза-дза*（監督ゲオルギー・ダネリヤ）。「どこがロシア人理解に繋がるんだ！」という文句も聞こえてきそうだが、いやいや、このセンスこそがロシアらしい。主人公の技師は、街で出会った青年とともに、「空間移動装置」によって宇宙のかなたへ飛ばされてしまうという、なんとも奇想天外な話。日本でも二〇〇一年に公開されて、一部から熱い支持を得た。ＤＶＤでくり返し観る価値がある。

惜しむらくは、ＤＶＤでは音声ロシア語、字幕日本語しか選べない。これじゃビデオと変わらないじゃないか。

二つ目は『運命の皮肉』*Иро́ния судьбы́ и́ли С лёгким па́ром*（監督エリダール・リャザーノフ）。大晦日の夜、友だちと飲んで酔い潰れたモスクワの男性が、間違えて飛行機に乗ってレニングラードへ行ってしまう。酔ったまま、タクシー運転手に自分の住所を告げると、そこには自分の鍵がピッタリと合うアパートがあったという、奇妙な設定のコメディーである。実はこの作品、日本人には理解しにくいらしく、必ずしも好きな人ばかりではない。だがこれこそ、ロシア人の感性が凝縮されている映画で、いまでも大晦日にはテレビでくり返し放送されるという。ロシア・ソビエト理解には欠かせない。

DVDでは、音声ロシア語に対して、字幕が日本語、ロシア語、英語、フランス語、ドイツ語、スペイン語から選べるようになっている。すばらしい。

そして最後は『モスクワは涙を信じない』*Москва́ слеза́м не ве́рит*（監督ウラジーミル・メニショフ）。モスクワに上京して夢を追いかける三人の女性の物語である。一九五〇〜一九七〇年代のソビエト生活も興味深い。この映画、実は大学時代に先生が教材として使い、前半部分は数十回観て、台詞も暗記した。

DVDでは、音声がオリジナルのロシア語に加えて英語＋フランス語、字幕は日本語、ロシア語、英語、フランス語、ドイツ語、オランダ語、スペイン語、イタリア語、ポルトガル語、ヘブライ語、スウェーデン語、アラビア語、中国語で、なんと十三言語から選べるのである。これでこそDVDだ。

この三作品を何度もくり返して観ることは、ロシア語の学習にもなる。字幕でロシア語選択が可能なら、音声も字幕もロシア語にするといい。ロシア語力が飛躍的に上達するはずだ。

とはいえ、ロシア・ソビエト映画はこれだけではない。日本では販売されていないDVDの中に、名作は当然ながらたくさんある。う〜ん、なんとかして観られないものか。

そこで海外からDVDを取り寄せることにした。これで日本未公開作品にも、だいぶ親しむことができるようになった。次々と手に入れたくなるので、毎晩のように観なければ追いつかない。しかしおかげで、最近はともすれば離れてしまいそうになるロシア語とロシア文化に、いつでも接することができるのである。

それでは、日本ではDVDが手に入らないけど、わたしが大好きな七つの作品を紹介しよう。先ほどの三作と合わせて、「黒田のロシア・ソビエト映画ベストテン」と考えてほしい。

『運命の皮肉』のDVDジャケット。ロシアでは大晦日必見の年中行事的名作として愛されている。

無人島に持っていく一本の映画

「無人島に持っていく一冊の本」というテーマは、なんてバカバカしいんだろうと思っている。たった一冊しか本を持っていけない、だけどたった一冊は持っていける、そんな状況、そもそもリアルではない。

でも「無人島に持っていく一本のロシア・ソビエト映画」といわれれば、わたしはこの作品のDVDを迷うことなく選ぶ。このさき一生、この映画しか観られなくても退屈しない。何度でもくり返して観たい。そういう映画なのである。

『コーカサスの女虜、あるいはシューリクの新たな冒険』*Кавказская плéнница, úли нóвые приключéния Шýрика*はレオニード・ガイダイ監督による一九六七年の作品である。

主人公シューリクはコーカサス地方に伝説や民話の調査で訪れ、そこで親戚の家で休暇を過ごすニーナと出会う。ニーナは元気のよい女の子で、シューリクはすぐに好きになるのだが、彼女にとって不幸なことに、地元の有力者にまで好かれてしまう。この有力者はニーナの叔父と勝手に話をつけ、ヒツジ二〇頭と冷蔵庫を交換条件に、ニーナを「買う」約束を取りつける。とはいえ、そんなことをニーナ本人が納得するわけがない。そこで怪しい三人組が雇われ、略奪婚が計画され、さらにはシューリクまでその片棒を担がされてしまいそうになるという、コメディーである。

この映画にはいくつかの魅力がある。

まず、主人公のシューリク（アレクサンドル・デミヤネンコ）とニーナ（ナターリヤ・ヴァルレイ）の魅力。

シューリクは本当に人のいい青年で、物語を聴いているだけで涙を流すようなナイーブな青年。Пти́чку жа́лко!「小鳥さんが可哀そう！」は有名なセリフだ。

一方、ニーナは健康的な女性で、地元のフェスティバルで紹介されるときのセリフがまた有名である。

Спортсме́нка, комсомо́лка, студе́нтка, про́сто краса́вица! スポーツマンで、コムソモール団員で、大学生で、まったくもって美人だ！

女性に対してこのように「スポーツマン」と訳していいのか迷うのだが、考えてみればロシア語のспортсме́нкаにしてもспортсме́нに女性を示す接尾辞-каがついているのだから、おもしろい語形成である。いずれにせよ、ニーナはこの表現にぴったりなのだ。

それから略奪に雇われた怪しい三人組。ガイダイ作品ではお馴染みの「怖がり屋」Трус（ゲオルギイ・ヴィツィン）、「間抜け」Болва́н（ユーリイ・ニクーリン）、「海千山千」Быва́лый（エヴゲーニイ・モルグノフ）は、当時たいへんな人気で、ソビエト・アニメーション『ブレーメンの音楽隊』（*Бре́менские музыка́нты*）に登場するほどである。彼らがコミカルなムードを盛り上げる。わたしはこの映画を通じてこの三人組のファンとなり、彼らが活躍する映画を何本も観た。

この映画ではいくつか音楽が使われているのだが、その中でもニーナが歌う«*Пе́сенка о медве́дях*»がとくに気に入っている。ふだんでも、無意識のうちにГде́-то на бе́лом све́те…と歌ってしまう。ロシアでカラオケに行ったら、これを絶対に歌うぞ。

これだけの条件が揃っている映画はめったにあるものではない。何度観ても楽しい。無人島に持っていくには、これしかないではないか！

だが、ここでふと気づく。そういえば、無人島にＤＶＤプレーヤーはあるのかな。いや、そもそも電気がないんだよなあ……。

無人島なんか行きたくない。自分の部屋でこの映画を観るのが、わたしは大好きなのである。

『コーカサスの女虜……』のDVDジャケット。無人島で、いや、やはり自宅で観たい名作だ。

ピオニール・キャンプの真実がここに？

旧ソ連のピオニール・キャンプで通訳をしていたことは、すでに述べた。未来の優れた共産党員を養成するはずの組織には、隠された裏がいろいろとあったことは、身を以って経験している（ここに書くわけにはいかないが）。世の中、きれいごとだけでは済まされないのである。

だから映画『ようこそここへ、あるいは部外者立入禁止』*Добро́ пожа́ловать, и́ли посторо́нним вход воспрещён*（監督エレム・クリモフ）のような奇想天外なストーリーさえ、ひょっとしたら本当にあったのではないかと、信じてしまいそうになるのだ。

コースチャ・イーノチキンは、ピオニール・キャンプ長ディーニンの厳しい規律のもとでの生活に、どうしても馴染めない。海水浴の際、一人で勝手な行動をとってキャンプ長を怒らせ、ついにはキャンプ場から追放されてしまう。このまま自宅に帰ったら、おばあちゃんはショックのあまり死んじゃうに違いない。そこでコースチャはこっそりとキャンプ場に戻り、朝礼台の下に隠れることにした。何人かの友だちがこれに気づくが、みんな協力して彼を庇ってくれる。一方、数日後に迫る「保護者訪問の日」。キャンプ場を訪れるであろうコースチャのおばあちゃんは、孫の姿が見えなければ、心配するに決まっている。そこでみんなで思案して、「保護者訪問の日」を中止させようとするのだが……。

コースチャには空想癖があって、映画ではこれが現実と同じように描写されている。キャンプ場からの突然の帰宅に驚くおばあちゃんがショック死してしまう様子が、彼の脳裏にはまざまざと浮かぶ。お葬式の場面には横断幕が掲げられ、そこには

Зачéм ты убúл бáбушку? どうしてお前はおばあちゃんを殺したのか？

また、葬儀に参列するおじいさんから哀悼とも非難ともつかないことば。

Когдá я был мáленьким, у меня́ тóже былá бáбушка… わしの若い頃にもやっぱりおばあちゃんがいてな……

このセリフ、老人が若い世代にクダクダと昔話をするときの定番として有名になった。こういうのってどこでもあるでしょ。会議なんかで、年長者が「そもそもわたしがまだ新人だった頃……」ときたら、この後は長引くに決まっている。

ピオニール・キャンプ場には、個性的な子どもたちがいろいろいる。みんなの行動をスパイしてはキャンプ長にいいつける女の子。彼女のせいで、子どもたちの計画はほとんど失敗する。それから、みんなが集まっているときに必ず首を突っ込む男の子。

А что э́то вы здесь дéлаете, а? みんなここで何してんのさ？

ところが彼は不思議なくらい嫌われていて、「あっちいけ」とか「こっちへ来るな」とか罵られ、いつもЛáдно.「分かったよ」といってすごすご帰っていく。このようなイジメラレ・キャラが登場

する辺りが、ふつうの「優等生映画」とは違う。最後の場面で、この男の子にもちゃんとオチがつく。ものすごく威圧的なキャンプ長ディーニンも印象的だ。自分勝手で、気まぐれで、他の指導員たちに絶対的な権力を行使する彼は、独裁者の典型である。だからこそ、最後にどうなるかが楽しみなのだ。

この映画は「風刺的コメディー」とされている。ここに社会の矛盾とか、ソビエト体制に対するウンヌンを読み取ることは非常に容易だ。タイトルからして、「ようこそここへ、あるいは部外者立入禁止」という、明らかに矛盾した、だがピオニール・キャンプ場には必ず掲げてあるスローガンのパロディーが、なんとも皮肉に響くではないか。

だがそれだけでは、この映画は多くの観客から幅広い支持は得られない。一九六四年制作なのに白黒であるスクリーンに、生き生きとした人間臭い魅力を感じつつ、わたしは自分の思い出を重ね合わせて楽しんでいるのである。

『ようこそここへ……』のDVDジャケット。コースチャ少年はすでに苦悩の表情を浮かべている。

わたしは運転しないが……

わたしは車の運転ができない。東京のド真ん中に住んでいるので、必要性も感じない。そもそもお酒の好きな人種は運転しない方が、世の中のためだと信じている。もちろん自分のためでもある。

だがソビエト時代には、車はロシア人の憧れの的だった。それなのに非常に高価で、さらには手に入れるまで何年も待たなければならないところがつらい。思いは募るばかり。やっと手に入れてみれば、今度は盗まれはしないかと心配になる。そんな気持ちが反映されているのが、映画『自動車に注意！』*Берегись автомобиля*（監督エリダール・リャザーノフ）なのではないか。

ユーリイ・デートチキンは保険外交員。ふだんはおとなしい男なのだが、実は車泥棒という裏の顔がある。盗んだ車を転売して金を得る。だが自分のためではない。手に入れた金はすべて孤児院に寄付している。これが彼の考える正しい道なのである。

一方、マクシム・ポドベレゾヴィコフは犯罪捜査員。車泥棒を追いかけて、今日も現場を駆け巡る、なかなか渋い刑事である。

この二人がアマチュア演劇クラブで、一緒にシェークスピアを演じることとなった。お互いに仲良くなって友情を深めていくものの、ポドベレゾヴィコフはデートチキンが車泥棒であることを突き止めてしまう。だがその立派な志を知り、思い悩むのだが……。

この映画の魅力は、やはりデートチキンを演じるインノケンチイ・スモクトノフスキーである。いつでも気弱そうでビクビクしているのだが、ときどき素晴らしい笑顔を見せる。白黒映画の中で、この笑顔が鮮やかなのだ。

コメディー映画なのだが、いわゆるドタバタではない。静かな中にクスッと笑わせるところが随所にあり、それが気に入っている。ポドベレゾヴィコフが「犯人は猫背суту́лыйなんだ」と語ると、これを聞いたデートチキンがスーッと背を伸ばす場面が気に入っている。

次のセリフは有名なものである。

— Кто свиде́тель?　目撃者は誰だ？
— Я, а что случи́лось?　わたしです。ところで何かあったんですか？

状況説明なしで笑える。

一応детекти́в「探偵もの」ということになっていて、それに合わせてナレーションが流れるのだが、これがまた皮肉でおもしろい。全体に静かな印象を与える映画だが、カーチェイスもある。そこで入るナレーションがいい。

Детекти́в без пого́ни, э́то — как жизнь без любви́. 追いかけっこのない探偵ものなんて、愛のない人生のようだ。

題名の*Береги́сь автомоби́ля*は本来、交通安全の標語。この文の持つ多義性がうまく使われている。ホント、車にはいろんな意味で注意する必要があるんだな。

ところでこの映画には、わたしに不思議な気持ちを起こさせるシーンがある。それはビアホールの場面。デートチキンがこれまでの犯罪をポドベレゾヴィコフに告白するのだが、なぜかそこで飲んでいるビールが実においしそうに見えるのだ。ソビエト時代のビールなんて、生でも瓶でも、決してうまいことはなかったのに、とにかくうまそうなのである。ストーリーよりもビールにばかり目がいってしまう。

……やっぱり、わたしは運転しない方がいい。

『自動車に注意！』のDVDジャケット。気弱な「義賊」の活躍とビアホールの場面が注目である。

スラブ、スラブ、オフィス・ラブ

わたしにとって大切なキーワードに「スラブ」というのがある。

「スラブ」とはロシアを含む東ヨーロッパの民族や言語の総称だ。わたしはロシア語だけでなく、このスラブに属する言語全体に注目している。

この「スラブ」というキーワードで、たとえば古書サイトを検索してみる。日本で出版された本で、そのタイトルに「スラブ」が使われているものだったら、だいたいは知っているはずだ。だが、何かの関係で漏れていることがあるかもしれない。そう思ってチェックしてみるのだ。

その検索結果を見ると、コンピュータがピックアップした書籍名に思わず笑ってしまう。

「クリスマス・ラブ」「サスペンス・ラブ」「エンドレス・ラブ」……。

「〜ス・ラブ」というタイトルをすべて拾ってしまうのだ。その中でもいちばん多いのが「オフィス・ラブ」である。やれやれ。

ということで、この映画のタイトルにやっとたどり着いた。エリダール・リャザーノフ監督

«*Служе́бный рома́н*» は『職場恋愛』と訳すとなんだか昭和っぽい。今では『オフィス・ラブ』というのがぴったりではないかと考える。

ノヴォセリツェフはおとなしくて自信のない子連れやもめ。役所勤めを黙々とこなすだけの日々。あるとき、大学時代のクラスメートが赴任してくる。やり手で順調に出世している彼は、ノヴォセリツェフに対して上司に取り入るように勧める。彼らの上司とは、真面目で有能だが気難しいカルーギナ女史。気の進まないノヴォセリツェフだが、さまざまな誤解や擦れ違いを通して、二人は恋に落ちていく。

この映画ではノヴォセリツェフ役のアンドレイ・ミャフコフもいい味を出しているのだが、何より素晴らしいのはカルーギナ役のアリーサ・フレインドリフ。映画の前半では化粧もせず、ファッションにもおよそ疎いゴリラのような女なのに、それが恋をする後半では、人目を引く美しい女性に変身する。その落差が注目だ。さらに彼女にファッション指導する秘書役のリヤ・アヘジャコヴァが、仕事には不熱心なのに噂話と流行だけに敏感なOLを、コミカルに演じる。

封切直後より旧ソ連で大評判となったこの映画からは、数々の有名なセリフが生まれた。その中でも、わたしが最も気に入っているのは、次のことばである。

У приро́ды нет плохо́й пого́ды. 自然には悪い天気なんてない。

これは映画で挿入される歌の一部で、映画の中ではフレインドリフが歌っているのだが、ふだんは厳しい上司として振る舞う彼女ににも、草花に水をやる優しい一面を持つことがしっとりと浮き上がる。

плохо́й пого́ды は плоха́я пого́да の生格形で、これは否定生格になるため。わたしはこの部分を否定生格の教材として使ったこともあった。

そういえば思い出したぞ。かつて旧ソ連を旅行しているとき、このセリフを聞いたことがあった。ある雨の日、ホテルの鍵番のおばさんに「今日は生憎の天気ですね」といったら、У приро́ды нет плохо́й пого́ды. と返ってきた。そのときは、なんて気の利いたことをいうんだろうと感心してしまったのだが、あれは有名なセリフの引用だったのだ。

つまりロシア人にとっても、このセリフはやっぱりカッコよく響くのであろう。

いや、歌だけでなく、この映画は全体的にカッコいいのだ。そんなことを考えながら、くり返して観る。

『オフィス・ラブ』のDVDジャケット。タイトルからは想像しにくいだろうが、否定生格の教材としても優れている佳作。

優柔不断が生み出す悲喜劇

ゲオルギー・ダネリヤ監督の作品は、切り口が一つ一つ違う。すでに紹介した『不思議惑星キン・ザ・ザ』*Кин-дза-дза*は、宇宙にワープしてしまう主人公たちのシュールな物語。一方『モスクワを歩く』*Я шагáю по Москвé*は、若き日のニキータ・ミハルコフが主人公を演ずる青春物語。この二つだけを取り上げても、同じ監督の仕事とはちょっと思えない。

そしてこの『秋のマラソン』*Осéнний марафóн*は、そのどちらとも違った作品なのである。

主人公ブズィキンは大学教師で、翻訳家でもある。専門は比較文学であろうか。一見、渋いナイスミドルだが、問題はその優柔不断な性格。本人は人を傷つけないために配慮しているつもりなのだが、そのためにしょーもないウソをくり返し、かえって人を怒らせてしまう。

ブズィキンは回りの人に翻弄されっぱなしである。妻は機嫌が悪く、愛人は気まぐれで、売れない同業者は仕事を手伝わせる。いつも時間に追われ、レニングラード市内を走り回る。次々と起こる不幸な出来事にもめげず、なんとか辻褄を合せようと頑張っているのだが、誰からも感謝されず、むしろ嘘つきだ、不誠実だと罵られる。それでも彼は忙しい毎日をくり返す。

ブズィキンの友人で、デンマークから来ている文学者ハンセンは、彼に手伝ってもらいながらドストエフスキーを訳している。毎朝、ハンセンはブズィキンをジョギングに誘う。いろんな人たちの間でモミクチャになり、ときには寝不足のこともあるブズィキンなのだが、Вы гото́вы?「準備はいいかい?」と誘われれば、必ず走りに行く。ハンセンの話す簡単なロシア語が、いい味を出す。

映画の後半で、同じアパートに住む労働者のおじさんが登場する。これを演じるのは名優エヴゲーニイ・レオーノフ。ころころ太り、そのため手足が短く見え、憂いに満ちた目をした彼は、ケチでこすっからく、厚かましいんだか小心者だか、よく分からない人物を演じる。ちなみに『キン・ザ・ザ』では、奇妙な宇宙人のうち小柄なほう。すごい俳優なのだ。わたしは彼が好きで、出演作品を集中的に観た。

このおじさんが、ブズィキンとハンセンの仕事場へ現れる。今日は自分が非番だから、朝から一杯呑もうというのだ。ブズィキンがいくら忙しいといっても、聴く耳を持たない。ウォッカを三つのコップになみなみと注ぎ、みんなに無理強いして呑ませてから一言。

Хорошо́ сиди́м ; тосту́ющий и тосту́емый. いいもんだよなあ、乾杯するヤツがいて、されるヤツがいる。

いい気なもんだ。

このあと、酔った勢いでキノコ狩りに行くことになり、ブズィキンは頑なに拒むのだが、いい気分になったハンセンが賛成したので出かけることになる。そのあと、またまた面倒な事件が起こってしまう。

一生懸命にやればやるほど酷い目に遭ってしまう中年男の物語は、典型的な悲喜劇である。ホントに哀れだなあと、主人公に少々同情しつつ、レニングラードの美しい秋の風景に目を奪われる。最後のシーンがほろ苦く終わるのもカッコいい。多様なダネリヤ監督の作品だが、最後のほろ苦さだけはいつも共通している。

『秋のマラソン』のDVDジャケット。名優たちの渋い演技とカッコいいロシア語のセリフが光る。

どんなときにも笑いを

いろんな言語を追いかけているので、旧ソ連内のスラブ諸語ではロシア語に加え、ウクライナ語やベラルーシ語にも常に注目している。

ウクライナ語については以前に比べ、興味を持つ人が増えているらしい。ロシア語教師の中にも「俄かウクライナ研究者」が現れたりする。ところがベラルーシ語のほうは、相変わらず人気がない。以前に『ベラルーシ語基礎一五〇〇語』なんてものをまとめたのだが、それに続く出版物はない。

この映画のタイトルは『ベラルーシ駅』*Белору́сский вокза́л*（監督アンドレイ・スミルノフ）だが、だからといってベラルーシ語と何か関係あるのでは、などと期待したわけではない。戦争体験者たちの物語であることを、承知のうえで観たのである。

舞台は一九六〇年代末。第二次世界大戦から二〇年以上が経過している。かつて前線で寝食をともにした戦友の訃報を聞きつけ、昔の仲間四人がモスクワに集まってくる。映画は葬儀の終わりから、夜遅くやはり仲間だった従軍看護婦の女性を訪ねるまで、たった一日の出来事を詳細に追いかける。

時代が変わり、それぞれには新しい生活があるのだが、現代のペースに皆どうも馴染めない。仕事場や家庭で、それぞれが問題を抱えていることが窺える。そんな折に昔の友人たちと再会したことで、誰もが自分の過去を振り返るのである。

明るい映画ではない。戦争を回想するというテーマなのだから、当然のように暗い。しかしこれは公開後に非常な反響を呼んだ。その魅力はどこにあるのだろうか。

まず、出演者がいい。アレクセイ・グラズィリンやフセヴォロド・サフォーノフといったカッコいい俳優も渋いのだが、ふだんはコメディーも多いエヴゲーニイ・レオーノフ（『キン・ザ・ザ』『秋のマラソン』）やアナトーリイ・パパーノフ（アニメ『今に見ていろ！』でオオカミの声）が、まったく違った演技を見せる。

また、音楽がいい。終わりのほうのシーンで、看護婦だった女性の弾くギターの伴奏で皆が歌うのはオクジャワの「第十上陸大隊の歌」*Пéсня деся́того десáнтного батальóна*で、これは後に大ヒットとなる。

だが、それだけではない気がする。なんだろう？

この映画の不思議な魅力は、こんな暗いテーマなのに、妙にコミカルなところがある点ではないか。たとえば急病人を助けようとするシーン。通りがかりの車を止めるが、運転手は協力したくないという。四人は力づくで運転手を車から引きずり下ろす。運転手は「キーはこっちだから、どうしようもないさ」と強がる。だが、メカに強い一人がキーなしでエンジンをかけてしまう。ここが笑える。

この件がばれて、四人は警察で身柄を拘束されている。いつまでも留め置かれてうんざりした一人が、例のメカに強い男に対して「ブタ箱の鍵を開けちゃえ」とそそのかし、彼は扉をガチャガチャさせる。これを見て、真面目な一人が大いに慌てる。もちろん、本当に開けるつもりはない。ここも可笑しい。

こういう、なんということもない場面で、かつて若い時代をともに暮らした戦友たちがお互い仲のよかったことが伝わってくる。これがポイントなのではないか。

こんなときでも笑いがあるソビエト映画が好きである。どんなときにも笑いを。

最後の場面では、モスクワのベラルーシ駅で戦線から帰還する兵士たちを出迎えるドキュメント映像が挿入される。ベラルーシ駅とは、すなわちベラルーシ方面と結ぶ列車の発着するモスクワの駅。

ベラルーシは激しい戦闘がくり広げられたところだった。ミンスクでセミナーに参加していたとき、文学の授業で聴いた「ベラルーシ文学の特徴は戦争をテーマにすることにあります」という指摘が、とても印象的だったことを思い出す。今でも世代によっては、ベラルーシは戦争のイメージなのかもしれない。

『ベラルーシ駅』のDVDジャケット。暗く、ほろ苦いストーリーの中にこそ笑いがある。まさにソビエトならではの傑作。

『チェブラーシカ』よりは地味だけど

毎年、誕生日には旧ソ連の人形アニメーション『チェブラーシカ』*Чебура́шка*（監督ロマン・カチャーノフ）を観ることにしている。冒頭でワニのゲーナおじさんが、

К сожале́нью, день рожде́ния то́лько раз в году́. 残念だけど、誕生日は年に一回だけ。

と歌うところがあるからだ。実際、この歌は誕生日で必ずといっていいほど歌われる。ソ連時代、この歌を知っていると現地の子どもたちから感心された。まあ、外国人がドラえもんの主題歌を歌って見せるようなものですね。

わたしが『チェブラーシカ』と初めて出合ったのは、一九七〇年代後半だった。東京でおこなわれたソビエト・アニメーション映画祭で観たのである。制作されてから割とすぐだったわけで、日本人としては早いほうではないか。別に自慢することもないが。日本では最近すっかり有名で、ＤＶＤどころか関連グッズまで売られている。

売れるのは分かる。まず主人公を含めて人形がよく出来ているうえに、とてもかわいい。日本人は

「かわいい」のが大好き。それからストーリーがすこししんみりして、最後にほのぼのさせる。分かりやすいのである。もっとも、ロシア語のセリフの中には、どんなに注意深く耳を傾けてもどうにも分からないところもあって、決してやさしくはない。

さて、誕生日にはもう一つ、*Ну, погоди́!*（監督ビャチェスラフ・コチョーノチキン）も観ることにしている。これは『今に見ていろ！』という邦題で知られるセル・アニメーションである。一本十分くらいの作品が全部で二〇作近くあるシリーズだ。久しぶりに観たのだが、これがとてもおもしろい。

ストーリーは単純で、オオカミволкとウサギзáяцの追いかけっこである。ピンクのシャツをだらしなく着てタバコをふかすオオカミは不良であり、いつもニコニコしているウサギはよい子の代表。アメリカのアニメーション『トムとジェリー』の影響を明らかに受けていると思うのだが、このウサギはジェリーほどにはオオカミにちょっかいを出さない。結末はいつでも、オオカミがひどい目にあって、最後の決めゼリフが

Ну, погоди́!「今に見ていろ！」

погоди́ は完了体動詞погоди́ть の命令形だが、このかたちで慣用表現として定着しており、辞書にも「待ってろよ（脅しにも）」と説明されている。

このアニメーションはオオカミやウサギの他にも、ブタやクマやネコが登場する動物の世界なのに、舞台は明らかにソビエト。ここがおもしろい。公園は「文化と休息の公園」だし、海岸はソビエト型保養地、街を走る路面電車もソ連のтрамвáйに他ならない。

『チェブラーシカ』が大人気なのに対して、『今に見ていろ！』は日本でビデオにもＤＶＤにもなっていない。

一方チェコ共和国では、この作品が今でも人気があって、*Jen počkej!* というチェコ語の題名で知られている。ちなみに、チェコの「かわいい小物」を紹介する日本の本を見たら、この作品を紹介していたのだが、訳が間違っていた。知らないんだなあ。

思うに、しんみりするのは分かりやすいけど、笑うのは難しいのだ。泣くのに知識はいらないが、笑うにはその背景に対する知識がなければ笑えない。だから笑いは文化なのである。日本で外国の恋愛ドラマやメロドラマがいくら流れても、そこから文化の理解へ進まないのは、こういう理由ではないか。

わたしはしんみりする『チェブラーシカ』よりも、『今に見ていろ!』が好きだ。文化が好きなこともあるが、笑うのも好きなのである。

でもまあ、台詞はほとんどないから、ロシア語の学習にはなりませんけどね。

***

こうして、最後にアニメーションを加えて「黒田のロシア・ソビエト映画ベストテン」が完成する。新しい映画はない。興味がないのだ。

ドストエフスキーが苦手

ある新聞の読書欄には、若い人向けの本が紹介されたり、感想が寄せられたりするコーナーがある。先日そこに次のような投書が載っていた。

「ドストエフスキーの『罪と罰』を読んだ。読み終わって満足はしたのだけど……、とても難しかった。しかも、けっこう憂うつな気分になった。登場人物にまともな人がいない。主人公のラスコリニコフは頭が良いけれども、ぼくと似ていて気難しい。少女趣味の登場人物もでてくる。何度も読み返せば、なんとか理解できるのかなあ」

これには爆笑してしまった。しかしよく読んでみると、なかなかうまくまとめた感想である。書いてあることがいちいち当たっている気がする。少女趣味の登場人物とはソーニャのことかな。

つまり、わたしの感想にとても近いのである。

ロシアについてほとんど何も知らない人が多いのに、ドストエフスキーだけは例外的に知名度が高い。とくに年配の人ほど『カラマーゾフの兄弟』*Бра́тья Карама́зовы*と『罪と罰』*Преступле́ние и наказа́ние*だけは読んでいる。そして例外なく「すばらしかった」という。ついでに現代の若者も読むべきだといい、ロシア語も学んだほうがいいとなる。

学生時代は、それでも文庫になっている邦訳くらいは読んでおこうと考え、一通り目を通した。だが、はっきりいって感動はしなかった。『罪と罰』はソーニャの存在に違和感を覚え、『カラマーゾフの兄弟』はまさに変人ばかりでてきて、しかもゾシマ長老が長々と哲学的なことを話すものだから、読んでいてうんざりした。長編の中では『白痴』*Идио́т*がマシだったかな、というくらい。とにかく、馴染めない世界なのである。

だが、ドストエフスキーが苦手などというのは、ロシア語業界に属していたら、それこそタブーに等しく、こんな感想を漏らすことすら、かなりの勇気がいることなのである。

ドストエフスキーは日本では昔から人気があったが、二〇〇〇年代後半あたりから『カラマーゾフの兄弟』の新訳がヒットして、それ以来「古典文学ブーム」とでもいうべき、不思議な現象が起きている。多くのロシア文学者がこれに便乗し、「えっ、この人ってドストエフスキーの研究者だったの?」という人までが「カラキョー」を論じたりしている。

ロシア語関係者の多くがこの現象を肯定的に捉えているが、実をいえばわたしは複雑な気持ちである。

大学生の頃、ロシア語を目指す人には二つのタイプしかなかった。

①ドストエフスキー(=文学)が好きな人

②レーニン（＝社会主義）が好きな人

わたしはそのどちらでもなかったので、「ロシア語業界の新人類」などといわれていた。やれやれ。少数派であることには慣れていたので、たいして気にもしなかったが、それでも将来は「ドストエフスキーにもレーニンにも興味が持てないけど、ロシア語を勉強したい人のための教材」を作りたいと密かに決めていた。

時代が変わり、レーニンはすっかり人気を失ってしまった。

一方、ドストエフスキーは思いがけなくカムバックを果たす。

進歩がないなあ。

読書の趣味は人それぞれなので、他人がどんな文学を好もうが、わたしが口を出す話ではない。ドストエフスキーが大好きな人に水を差すつもりは毛頭ないのだ。

ただ、こちらがロシア語をやっているというだけで、ドストエフスキーの話題を振られるのは、正直なところ苦痛である。

むしろ、さきほどの高校生のような感想のほうが好ましい。

それにさ、読み返すかどうかだって、あとでゆっくり決めればいいんだよ。

バイカル湖の深さ

『標準ロシア語入門』（白水社）は、わたしにとってバイブルである。この教材でロシア語を学び、例文をすべて暗唱し、さらには教えるようになった。どこに何が書いてあるか、今でもだいたい頭に入っている。

とはいえ、わたしが勉強したのは旧版である。当時はまだソビエト時代。あれから時代も変わった。現在は改訂版が出ている。

あるとき、この本の紹介文を書くことになったので、改訂版に改めて目を通してみた。すると、当然ながら旧版とは違うところにいくつか気づいた。

まず地名。ソ連СССРはロシアРоссияに、レニングラードЛенингра́дはサンクト・ペテルブルグСанкт-Петербу́ргに訂正されている。これを訂正する日が来ようとは、あの頃は想像すらしていなかった。

それから内容。イデオロギー関係の表現は差し替えられている。「社会主義を建設した」は「ホテルを建設した」に変更されていた。ソ連崩壊後、かの国はどうやら建設ラッシュのようである。地名の変更にせよ、イデオロギーがらみの差し替えにせよ、旧版の例文を暗記しているので、違っていればすぐに気がつく。

だが、第三一課で見つけた次の例文は、地名の変更でもイデオロギーの差し替えでもないのに、なぜか違和感を持った。

Глубина́ о́зера Байка́л — ты́сяча шестьсо́т два́дцать ме́тров. バイカル湖の深さは一六二〇メートルです。（改訂版一三九ページ）

そうだったっけ？

いや違う。わたしが覚えた例文では、バイカル湖はもっと深かったはずだ！

さっそく、長年親しんだ旧版を引っ張り出して確認をする。

Глубина́ о́зера Байка́л — ты́сяча семьсо́т со́рок оди́н метр. バイカル湖の深さは一七四一メートルです。（旧版一三九ページ）

そうそう、これ。最後が「一」なので単位を示すметрが単数主格形だった。それが改訂版ではме́тровと複数生格形だから、違和感を覚えたのだ。いや、それどころか「一七四一」という数字まで、しっかり覚えてしまっていたのである。

どうして深さが変わったのだろうか。ソ連崩壊とは関係なさそうだが、何か理由があるのか。『ロシア・ソ連を知る事典』（平凡社）で調べてみた。すると「最深点は湖面から一六二〇m（一七四二m説もある）で（……）」（四四五ページ）とあった。

ふむふむ、諸説あるんだな。

おい、ちょっと待てよ。わたしが覚えたのは一六二〇メートルでも一七四二メートルでもなくて、一七四一メートルだぞ。

いったいどうなっているんだ？

だがわたしは、ここでこの捜索を止めることにした。

バイカル湖の深さなんて、わたしにはどうでもいいのである。湖の深さはどのようにして測るのか知らないし、関心もない。

ただ、語学書に載っていた例文が、その数字までも含めてしっかりと記憶に刻まれていたことが、自分でも驚きなのである。外国語学習者にとっては、こちらの方がずっと意味があるのではないか。

バイブルとは、そういうものである。

プロは好き嫌いをしない

修業時代に通っていたロシア語の専門学校では、入門段階が終わると、次に待っているのが会話集の暗記だった。東一夫・多喜子『標準ロシア会話』(白水社)は、一時どこへ行くにも必ず持ち歩いていたほどだった。

これはタイトルこそ会話集だが、実際は例文集である。単語もたくさん挙がっている。しかもどれもかなりの高レベル。バカンスとショッピングがしたい旅行者向けのチャラチャラした会話ではなく、日常よく使われる表現はもちろん、視察団に同行する通訳並みの公式な文例までもが、たっぷりと盛り込まれている。これをしっかり暗記していけば、最後には通訳になれる。実際、わたしは通訳になれた。

だがそういう厳しい会話集なので、覚えるのが簡単ではない。なかなか覚えられないわが身を振り返ると、悲しくなってくる。かなりのストレスをもたらすことも、また事実である。

さらに、当時は大学生だったわたしにとって、ほとんど縁のなさそうに思える単語もたくさんあった。

毛皮 мех、狐の毛皮 ли́сий мех、黒てんの毛皮 мех со́боля、白てんの毛皮 горноста́й……

その頃は毛皮製品なんて何も持っていなかった（今でもほとんどない）。でも、のちにお金持ちが毛皮を買うのに同行したときに使えた。

心臓弁膜症 поро́к се́рдца、狭心症 грудна́я жа́ба、高血圧症 гиперто́ния、低血圧症 гипото́ния、脳卒中 инсу́льт、脳溢血 кровоизлия́ние в мозг、動脈硬化症 склеро́з арте́рий……

病気の名称の暗記は本当にイヤだった。ラテン語起源が多いから、長いし、覚えにくいし、何よりも憂鬱だった。こんな単語を睨んでいるだけで、自分の具合が悪くなりそうな気がした。とはいえ、後にさまざまな持病を抱えた人を連れて旧ソ連を添乗したときには、もちろん役に立った。

表現にしても同様である。

От и́мени всей делега́ции я хоте́л бы серде́чно поблагодари́ть вас за приглаше́ние посети́ть Сове́тского Сою́за. 使節団全員を代表いたしまして、ソ連へ御招待下さいましたことを、心からお礼申し上げたいと思います。

В Япо́нии рабо́чие и слу́жащие обя́заны регуля́рно вноси́ть в фонд социа́льного страхова́ния определённую часть за́работной пла́ты. 日本では、労働者や勤め人は賃金の一定

額を社会保険に定期的に積み立てなければなりません。

大学生には関係なくても、通訳にとっては必要となる表現ばかりである。どんな単語でも、どんな表現でも、好き嫌いせずに覚える。いま身近かどうかを判断の基準にせず、将来プロになったときに備える。自分に役立ちそうな単語だけを覚えたいというのは、あくまでも趣味のレベルであり、楽しむ分にはいいけれど、プロになることは決してない。とはいえ、せっかく暗記してもまったく使っていない表現もある。

Какие водоёмы снабжают водой населéние вáшего гóрода? あなた方の町の水道の水は、どの貯水池からひかれていますか。

……これを使う場面にはさすがに遭遇していない。

いやいや、まだ分からないぞ。いつの日か、貯水池についての話題が必要になるかもしれないではないか。それに、教え子の一人が水道局に勤めていた。そんなことを想像しながら、この表現をときどき口ずさむ。

重要単語いまむかし

外国語学習では、基礎語彙をていねいに身につけることが基本的態度である。学習者はどこかで単語集とにらめっこすることが義務づけられている。近道はない。

近道はないけれど、覚える単語は慎重に選びたい。単語集は頻度の高い重要語がきちんと選ばれていることが望ましい。いや、「望ましい」じゃなくて、そうでなければ困るのだ。

そういう意味でしっかりしているのが、基礎単語集の老舗である大学書林の「基礎一五〇〇語」シリーズ。一五〇〇語とはなんとも絶妙な数字。確かに、このくらいのレベルを乗り越えなければ、いつまで経っても先へ進めない。手軽な新書サイズだから、学習者が持ち歩くとき邪魔にならない。

ところが『ロシヤ語基礎一五〇〇語』は、残念ながら絶版状態である。これは今に限ったことではなく、しばらく前から入手困難になっていて、かくいうわたし自身がこれを使って勉強したことがない。残念である。

先日、古本屋でこの『ロシヤ語基礎一五〇〇語』を見つけた。奥付によれば初版は昭和二三年、わたしの手に入れたのは昭和三四年の第二七版である。十年少しの間に、ずいぶんと版を重ねている。大ベストセラーではないか。

このシリーズでは単語がキリル文字のアルファベット順に並んでいる。はじめのページは当然ながらAから始まる単語。見出し語とその対訳は、以下のようになる。

аванга́рд「前衛」、автокра́тия「専制、独裁」、автомоби́ль「自動車」、а́втор「著者」、агити́ровать「煽動す」、адмира́л「海軍将官、〜大将」、а́дрес「宛名、住所」、а́збука「ロシヤのアルファベット」、акаде́мия「学士院」、акт「行為、幕（劇）、証書」、алма́з「ダイヤモンド」、а́нгел「天使」、анекдо́т「逸話」、аппети́т「食欲」、аре́ст「捕縛」、а́рмия「陸軍」、арте́ль「アルテリ、生産組合」、арти́ст「俳優、美術家」、архите́ктор「建築家」、арши́н「アルシン（約二尺四寸）」、аэропла́н「飛行機」。

Aで始まる単語はもともと多くないのだが、それにしてもあまり見かけない単語や、時代を感じさせる単語も混じっている。

現在では、たとえば佐藤純一・木島道夫『最新ロシア重要単語二二〇〇』（白水社）などがある。この本の単語は最新のデータをもとに選択されている。ノミネートされた数が一五〇〇語と二二〇〇語ではそもそも土台が違うのだが、Aの項目を眺めただけでも、選ばれた語彙の違いが目立つ。

試しに先ほどの『基礎一五〇〇語』に挙がった単語から『重要単語二二〇〇』にある単語を除いたら、次のようになった。

аванга́рд「前衛」
автокра́тия「専制、独裁」
агити́ровать「煽動す」
адмира́л「海軍将官、～大将」
а́збука「ロシヤのアルファベット」
акт「行為、幕（劇）、証書」
алма́з「ダイヤモンド」
а́нгел「天使」
анекдо́т「逸話」
аре́ст「捕縛」
арте́ль「アルテリ、生産組合」
арши́н「アルシン（約二尺四寸）」
аэропла́н「飛行機」

なかなか面白い結果である。

まずаванга́рд、автокра́тия、агити́ровать、арте́льはいかにも時代を感じさせる。現在ではその使用範囲が制限されることは想像に難くない。正直に告白すれば、わたしはавтокра́тияなんて単語は知らなかった。

古いロシアの単位арши́нは「約二尺四寸」といわれてもピンとこない。調べたところ、七一・一二㎝だそうだ。確かに現代の一五〇〇語レベルではないかもしれない。しかし、使わないこともない。一方аэроплáнはまず使わない。現代ではふつうはсамолётである。これは外来語を排して、ロシア語本来の造語法сам（＝「自分」）＋о（つなぎの母音）＋лёт（飛行）によって作られた語にとって代わられた例だろう。

しかしáзбука、алмáз、áнгел、анекдóтあたりは、どうして『重要単語二二〇〇』にノミネートされないのか、かえって不思議である。まあ、コンピュータによる統計結果ではそうなるのかもしれない。すべてを網羅するわけにはいかないのだ。

それにしてもанекдóтの訳が「逸話」になるんだなあ。いまのロシア語教材だったら「小咄」や「一口話」あるいは「ジョーク」みたいな意味で使われることが多いだろう。そういうジョークの大好きなロシア語教師もいる。おもしろいかどうかは別にして。

このように、単語の頻度は変化する。時代が変化すれば語彙も変化するので、当然といえば当然なのだが、学習用単語集はときどき改訂しなければいけないことを痛感した。

いや、その前に、単語集そのものをまとめなければいけないんだよなあ。分かっちゃいるのだが、これがなかなか……。

本気で語彙を増やすには

最近は語学書もずいぶん充実してきて、単語集についてもロシア語ですら数種類ある。カナが振ってあったり、多色刷りだったり、CDがついていたり、とにかく覚えやすいようにと、至れり尽くせりである。

ところがこれで覚えられるかといえば、わたしはアヤシイと睨んでいる。

理由はいくつかある。だが、なにより問題なのは、選択された語彙数が中途半端なことではないか。単語集では二〇〇〇語前後がノミネートされているものが多い。統計によれば、日常で使われる語彙数はこのくらいだというのがその根拠だという。それにしたがって単語集が編纂されているわけだ。科学的で、理性的な判断のように見えなくもないが、学習者の立場から考えてみた場合はやっぱり中途半端である。

二〇〇〇語は基本というには多すぎるが、実用のためには少なすぎるのだ。

基本語を集めた単語集としては、大学書林から出ている「基礎一五〇〇語」シリーズが有名だ。言語の種類も揃っている。日本語ではこれでしか勉強できない言語もある。だが本当のことをいえば、基本語の数はもっと絞れる。別の出版社ではフランス語やドイツ語で一二〇〇語というのもある。ある言語の骨子だけを知るのだったら、さらに減らすことさえ可能なはずだ。

だが、実用となるとそうもいかない。統計ではどうなっているか知らないが、二〇〇〇語前後で日常を賄えるなどという意見は、単語を覚えたがらない怠け者の学習者におもねったリップサービスである。それっぽっちで用が足りるものか。

では、日常に充分な語彙数とはどのくらいか。

ということで、前置きが長くなったが『ロシア基本語五〇〇〇辞典』（白水社）である。そう、五〇〇〇語くらい知っていて、はじめて「使える」。

これだけの単語を覚えるのは決して楽ではない。だが、お遊びでなく、ロシア語を本当に身につけたいのならば、乗り越えなければならないハードルだ。外国語学習は楽しいばかりというわけにはいかないのである。

これは引くのではなく、覚えるための辞書である。かつて大学院に在学していた頃、修士課程を受験する後輩たちから語彙を増やす方法を相談されるたびに、わたしは必ずこの辞書を推薦していた。まず、すべての例文を一通り読む。例文はすべて、本書にノミネートされている語彙のみからできている。無駄がない。それから知らない単語を暗記する。大学院受験生をわたしの自宅に集めて、勉強会をしたこともあったっけ。そんなに面倒見のよい先輩ではなかったけど、そういうことをやってみたのは、わたし自身が基礎語彙の習得に興味があったからだろう。

残念ながら、この辞書は現在絶版である。だが、古本屋などで見かけることもあるから、本気で勉強したい人は手に入れておくといい。一九六九年に出版されたものなので、内容的に古い部分もあるが、それは些事にすぎない。すべて覚えた後で微調整をすればいいのだ。

外国語学習に趣味と本気があるとすれば、本書は後者にのみ有効である。みんなが本気になる必要はない。だが、本気とは何かを知りたければ、覗いてみるといいのではないか。

惜しくも現在は絶版だが、本気で学ぶのならば5000語は身につけたいことに今も変わりはない。

ロシア語を知るための貴重な十ページ

ロシア語を学ぶということは、ロシア語の語彙と文法を覚えること。一般的にはそういうことになっている。

だがわたしの考え方は、すこし違う。

ロシア語を学ぶということは、ロシア語の語彙と文法を覚えることに加えて、ロシア語の方言と歴史についての知識を持つこと。現代ロシア語を主軸に、空間的変種であるロシア語方言と、時間的変種であるロシア語史を押さえて、はじめて研究対象になる。

ここまでやらなきゃホンモノじゃない。

専門家を志した二〇代の頃、わたしはこんな方針を立てた。昔からすこしひねくれていたのである。

さて、ロシア語の文法書は日本語でいくらでも読める。だが方言と歴史については、いくら探しても参考書がほとんどない。ロシア語で書かれたものはあったのだが、読解力がそれほどなかった学生時代、分厚い原書を一冊読み通すことは難しかった。困ったな。

そんなとき、この『ロシヤ文法』(岩波書店)は非常にありがたかった。

本書は、現代語文法の記述が主だが、巻末に付録として方言と歴史がある。合わせてたったの十ページしかないのだが、日本語で読めることが何よりである。

「Iロシヤ語の系統とその方言」では、スラブ諸語の概説、ロシア語(「大ロシア語」)、ウクライナ語、ベラルーシ語(本書では「白ロシア語」と表記されている)の関係、さらに大ロシア語の方言的区分として北大ロシア方言と南大ロシア方言の特徴を簡単に紹介している。

「IIロシヤ文語の変遷」では、古代教会スラブ語からオストロミール福音書、ピョートル大帝時代の正書法改革、ロモノーソフ、カラムジーンそしてプーシキンに至るまでのロシア語の歴史を概観し、さらにロシア語における教会スラブ語的要素を指摘する。

この二つの付録をていねいに読めば、単なるロシア語学習者から一歩抜きん出ることができる。それほど貴重な十ページなのだ。

この本は一九五三年に出版された。旧ソ連ではスターリンが死去した頃である。すいぶん昔、というか、ほとんど歴史だ。したがって、著者の八杉貞利と木村彰一の名前を知っている人も、今ではそれほど多くないだろう。

だがもし、大学院でロシア語やロシア文学を専攻して、将来はロシア語を教えるようになりたいのなら、この二人の名前は知っていなければいけない。さらにロシア語のアカデミックな記述とは何かを知ろうと思ったら、現在でも本書を読むしかない。その硬いながらも明晰な文体は、ロシア語学で修士論文を書くときに参考となるはずだ。

残念ながら、本書は目下のところ非常に入手困難である。古い本なのだから、当然だ。そのため、図書館で借りるなり、古本屋で見つけるなりして、目を通すしかない。

日本語で読めるロシア語の文法書はこの数年でいくつか出版された。とはいえ、その全体をアカデミックに記述し、方言と歴史にまで触れているものは皆無である。確かに多くの人にとっては不要な情報かもしれない。だが、言語の記述とは実用目的だけではない。

いつの日か、このようなロシア語文法＋方言＋歴史をまとめたい。それがわたしのライフワークだと信じている。

ちっとも進んでいないけど。

八杉貞利・木村彰一氏の名著。もし古本屋で見つけたら、買っておいて損はない。

作文のための小市民生活

外国語学部に通うある学生は、作文の時間が嫌いだという。「先生から小市民であることを求められるのが我慢できない」のだそうだ。それはそれで立派な主張である。

外国語学習の中でもとくに作文を学習する場合、はじめから難しい表現はできないので、当たり障りのない無難な文から練習することになる。そうすると、どうしても小市民生活を描写するような作業になってしまう。

ハブローニナの『ロシア語を話しましょう』Хавро́нина С. *Говори́те по-ру́сски*（Прогре́сс社）は、旧ソ連時代のロシア語初等読本のベストセラーで、さまざまな言語で出版されている。わたしは大学時代にこの日本語版を使って勉強した。当時はロシア語書籍輸入書店で、この日本語版し英語版が簡単に入手できた。

本書の世界は、まさに小市民生活の描写である。しかも善良なる模範的ソビエト市民の日常そのものなのだ。

第一課「自分についてすこし」は次のように始まる。

「わたしはパーヴェル・アンドレーヴィチ、名字はベローフです。三〇歳です。モスクワで生まれて、以来ずっとここに住んでいます。七歳のとき、学校に通い出しました。子どものころから化学に興味があったので、高校卒業後は大学の化学部に進学しました。五年前に卒業し、工場に就職しました。わたしは化学者で、研究室で働いています」

非常に平凡な、しかもソビエトにおいてお手本となるような人物だ。理系、大卒、工場勤務。工業化を進める当時の世相が反映されているのか。

この後には家族の紹介があり、妻は小児科医で、週に一回は文化会館に通い、合唱団で歌っている。そう、建設的な趣味を持つことも、小市民生活では欠かせない。

「わたしはスポーツが大好きです。わたしの好きなスポーツの種目は水泳です。週に二回、仕事の後で家の近くにあるプールに通います」

教科書に出てくる登場人物は、皆スポーツが好きということになっている。それもゴルフとかボーリングということは絶対にない。球技ではテニス、バレーボール、バスケットボールが好まれる。季節ものではスキーやスケートが人気だ。これは寒い国ソビエトのイメージに応えているのだろうか。

「土曜日ごとに両親のもとに顔を出します。ときには友だちの家に呼ばれたり、自分のところに招待したりします。わたしたちは音楽と演劇が好きで、劇場やコンサートによく行きます」

親や友人と交流することが強調されるが、そのほかに音楽や演劇といった文化プログラムも好まれる。ただし音楽はロックではなくてクラシック、演劇もアングラではなくプーシキンやチェーホフであることが前提なのだ。

本書に限らず、旧ソ連時代のロシア語教科書は、だいたいこういった人物の物語を通して、語彙や表現を増やしていくものだった。いや、これは現在のロシア語教科書もそうかもしれないし、他の言語だってこれと似たりよったりかもしれない。どうやら外国語を学ぶ際には、このような小市民生活の描写を避けて通るわけにはいかないようである。

しかし、それはそれでいいではないか。自分の生活を語ろうと思うからストレスが溜まるのである。そうではなくて、いっそ別人格に、たとえばこのベローフ氏になりすまして、その生活を皮肉たっぷりに楽しめばいいのだ。

外国語学習にフィクションは必要である。自分のプライベートを明かすことはない。イヤだったら架空の人物になりすまし、それをおもしろがって作文に励めばいい。それなら喜んで小市民生活が描写できる。

そんなとき、本書の主人公であるベローフ氏なんて、いろんな意味で「お手本」なのである。

メガネケースとナイトテーブル

東京の神保町という本の街は不思議なところで、軒先の均一本に思わぬ言語の本が転がっていたりする。

先日も、『ロシア語イラスト辞典』Ва́нников Ю., Щу́кин А. *Карти́нный слова́рь ру́сского языка́* (Просвеще́ние社)という、モスクワで一九六九年に出版された外国人向けロシア語辞典を見つけた。辞典といっても、その構成は分類語彙集に近く、たとえば「A名詞編」の一は自然・暦・時、さらにその一は天体で、空、太陽、雲……といった語彙が、イラストとともに紹介されている。主な見出し語には英語、フランス語、スペイン語で対訳が付き、さらにすべての語について、巻末にロシア語を含めた四言語で対応が分かるようになっている。

この辞典の存在を初めて知ったのは、大学生だった一九八〇年代だった。ロシア語の語彙を増やすにはどうしたらいいか悩んでいた頃に、図書館で偶然見つけたのである。だが当時はすでに売り切れで、仕方なくその一部だけをコピーして勉強したのだった。

その辞典がやっと手に入ったのである。嬉しくて、毎晩寝る前にページをすこしずつめくっているうちに、いつの間にか全部「読んで」しまった。こういうものを読むというのもヘンだが、イラストを眺めながら、そうかこれはこういうんだ、へーこれなんか日本語でも知らないな、などと感心しているうちに、最後までたどり着いたというわけだ。

二〇〇〇語ぐらいの基本語とはいえ、知らない語もときどきある。とくに農業、工業、軍隊、スポーツ関係がダメだ。だがそれだけでなく、日常用語でもときどき、そういえば知らなかったという語彙が少なくない。

たとえばфутля́рは「(メガネなどの)ケース」である。知らなかった。英語ではなんというのだろうと巻末で調べてみると、eyeglass case。これなら分かる。

またту́мбочкаは「(ベッド脇の)小卓」のことで、英語だったらbedside-tableあるいはnight-tableとなる。日常よく使うはずだ。だがわたしの語彙には抜けていた。

選定基準がイマイチ不明だが、形容詞になると知っている率がぐっと高まる。とはいえтрусли́вый「臆病な」なんてすっかり忘れていた。

それからжестикули́ровать「身振りをする」なんて動詞は初めて見る。それほど重要なのかな。イラストは台所にいるおばさん二人が、吹きこぼれるナベをそっちのけで身振りを交えておしゃべりに夢中になっている姿。英語ではgesticulate。ついでに覚えよう。

こんなにすてきな本が、たったの二〇〇〇円というのが神保町なのである。

「秋田人」はロシア語で

「江戸っ子」や「薩摩隼人」など、日本語ではある地域の出身者に特別の名称をつけていることがある。とはいえ、すべての地名にあるかどうかはアヤシイけど。

ロシア語では、あらゆる地域に「〜出身者」という意味の名詞がある。

москви́ч（男）／москви́чка（女）

これにどんな訳語を充てたものか、ちょっと困る。「モスクワっ子」がいいのか、「モスクワ人」がいいのか。いずれにせよ、これは有名な単語で、入門書に登場することすら珍しくない。ちなみに、このような単語は小文字で書き出すことになっており、そこが英語とは違う。

では他の都市はどうか。

петербу́ржец（男）／петербу́ржка（女）

こちらは「ペテルブルグ人」。旧称のレニングラードだったらленингра́дец（男）／ленингра́дка（女）

となる。

また、すでにロシアではないが、「キエフ人」はこうなる。

киевля́нин（男）／киевля́нка（女）

どれも接尾辞が違う。これでは未知の地名に対応ができない。「ウラジオストック人」や「ナホトカ人」は、どうなるのか、知らなければ分からないのだ。

このような疑問に答えるのが、『住民名称辞典』*Ба́бкин А., Левашо́в Е. Слова́рь назва́ний жи́телей СССР*（Ру́сский язы́к社）で、これは主として旧ソ連各地の住民の名称を調べるための専門辞典である。

見出し語は地域別になっており、はじめにロシア連邦共和国（これだけは別格なんですね）、続いて各共和国がアルファベット順に並んでいる。これは地理を知らないと、ちょっと引きにくい。

たとえば「ウラジオストック人」を調べるためには、ロシア連邦共和国沿海州Примо́рский крайを引き、そこでアルファベット順に並んだ見出し語の中からвладивосто́ковец（男）を探し出す。ただし、巻末にはアルファベット順索引があるから、ここから勘を頼りに引くことも可能である。

この辞典は徹底した文献学主義を取る。つまり、見出し語となった単語がどこに載っていたか、出典があるものは必ず明示されている。そのためか、女性形が見当たらず、男性単数形と複数形のみという場合が多い。

さらに見出し語は、国内に限らない。巻末の付録として、外国地域の住民名称も主要なものを挙げてある。日本を引くと、たとえばАКИТА「秋田」の項にはа́китец「秋田人」というのが挙がっていた。アクセントは始めのаにある。秋田のみなさん、ご存知でしたか。

そういえば、最近は秋田へちっとも行っていないなあ。大学でロシア語を教える友人を訪ねて、áкитецである呑み屋のご主人とその奥さんに、久しぶりに会いたい。でも、áкитецの女性形は分からない。

世の中、特殊辞典はいくらでもある。中には、こんなの本当に使うのだろうか、編纂した人がおもしろがっているだけじゃないか、というものさえある。だが、この『ソ連住民名称辞典』は実際に重宝している。暇なときにあちこち読んでみると、自分の語彙の不備がよく分かる。さらには地理の知識が不足していることまで分かる。

それにしても、「〜人」をつけるだけでナントカなる日本語は、思えば楽だった。

この辞典が出版されたのは一九七五年。その後、新しいものが出たかどうかは知らない。だがロシア語を使いこなすためには、絶対に必要なのではないか。

というか、こういう辞典がなかったら、ロシア人はどうするのだろうか。

半世紀前の大辞典

『ロシア語・チェコ語大辞典』*Velký rusko-český slovník*（全六巻）をセットで手に入れた。カミさんがすでに持っているのだが、仕事場用にもう一セットほしかったのだ。

第一巻は一九五二年に出版され、その部数は二〇〇〇〇部を超える。以下第五巻まで十年かけて刊行し、一九六四年に最後の第六巻を補遺として世に送った。これだけ大部なロシア語辞典は、世界でも限られている。おそらく、現在のチェコ共和国で、これに匹敵するような新しい辞書は作れないのではないか。

編纂者はコペツキー、ハヴラーネク、ホラーレクで、いずれも著名なロシア語学者、チェコ語学者、スラブ語学者である。当時のチェコスロバキアが国家事業としてこの辞典に力を注いでいたことが窺える。

第六巻目の補遺を眺めてみた。知っている見出し語はほとんどない。総力を挙げて編纂した先の五巻から漏れた語彙は、頻度が非常に低いか、あるいは当時としてはまだ新しいものか、いずれにせよ特殊なのだ。

巻末に一巻から五巻までの訂正表がある。これがとにかく細かい。たとえば第五巻四五二ページのサッカーфутбо́лという見出し語に対して、チェコ語の対訳をfotbal, kopaná, kopanáと挙げたが、これをkopaná, fotbalという順番に訂正している。おそらくkopanáのほうを第一義に置きたいのだろうが、あまりに微妙すぎてよく分からない。しかも現在チェコ語ではfotbalのほうが頻繁に使われているのだからおもしろい。

第六巻の中に、紙が一枚はさんであった。Připomínkový listとあり、辞書の中で誤植を見つけたり、足りない語彙に気づいたりしたら、編集部に送ってください、というものである。B5ほどの大きさのところを八つに分割し、それぞれに編集部の住所が印刷してあり、切手を貼る場所もある。その裏に訂正・増補すべき語を書くようになっている。書き込んで、切り分けて、送るわけだ。利用者からの意見を集め、さらに完璧な辞典を目指していたのだろう。

そういえばパソコンでWordを使っていて、気に入った変換が出なくて何度かやり直していると、画面に「この変換ミスをWordの本部に報告しますか」という指示が現れる。辞書を作る人の気持ちとは、いつでもそういうものらしい。とはいえ、そんなものを送ったことは一度もないが。

六巻の辞典は一冊一冊が重たいが、膝に乗せて読んでいると、その重さも忘れるくらい楽しい。やっと手に入れた辞典なのだ。「わがものと　思えば軽し　傘の雪」である。

おやすみ前のロシア語は

朝から晩まで外国語のことを考える日々。こうなったら、眠る直前まで外国語に浸かっていたい。戸締まりをして、歯を磨いて、ベッドに入っても、すぐに寝るのではなく、何か読みたい。ベッドのすぐ脇には本棚がある。家が狭いので、寝室だろうがなんだろうが、本で溢れてしまった結果なのだが、これはこれでなかなか便利だ。

就寝前読書用の本といえば、読みかけのものをベッドに持ち込むのがふつうである。だが、就寝前に相応しい本をわざわざ選んで、事前にベッド脇の本棚に並べておくこともある。快適に眠るための究極の語学本とは何か。そんなことを考えるのも楽しい。

そういうとき、ロシア語学習者には何を薦めたものか。

真面目なパターンとしては教科書がある。参考書でもいい。立派な心がけだ。いや、明日はテストなんていうときには、別に立派ではなく、むしろ切羽詰まっている。それでも眠る直前にロシア語を眺めるとは、教師として嬉しい。でも、そういうのを読みながら寝てしまうと、夢の中でロシア語教師が現れる可能性もあるので、事前によく考えること。

一日しっかり働いたり勉強したりして、心地よい疲れが全身を覆うとき、あまり長いものや難しいものは困る。すこし読んで、そのうち眠くなってしまうというのが理想的ではないか。

よく勧められるのが辞書である。それも何かを調べるためではなく、あちこち拾い読みして楽しみながら、同時に知識を増やす。尊敬するフランス語の先生は、これを「辞書の散歩」と名付けた。わたしもこれを実践すべく、枕元には外国語の辞書がいろいろ並んでいる。

こういうときは小型辞典が理想的だ。ベッドの中で読むのである。大きな辞典では腕が痛い。布団に潜って眺めるためには、小さな本がいい。ロシア語の場合は、たとえば『ロシア語ミニ辞典』（白水社）あたりが手頃だ。

しかしここではちょっと変わった辞書を紹介しよう。『和露漢字小辞典』Невéрова Н., Ноздрёва Р., Рóзанова Т., Тарáсова Т., *Крáткий япóнско-рýсский словáрь иерóглифов*（Рýсский язы́к社）である。この辞典はモスクワで出版されたものだ。つまりロシア人の日本語学習者が、漢字を調べるための辞書である。手元のものは一九八五年版だから、まだソビエト時代。もちろん、当時から日本語学習者はいた。

見出し語の配列は、日本の漢和辞典と同じように部首引きになっているが、この辞典にはすこし独特な原則がある。部首ごとに番号がついているのである。部首一覧табли́ца ключевы́х знáковから、たとえば木偏だったら四画4черты́より「木」を探し出す。すると75という番号が示されている。そこで本編で75を引く。そこには「Кл.75 木 «дéрево»」とあって、この部首の番号および主な意味が確認できる。そのあとで、1019【木】、1020【札】、1021【本】、1022【末】…というように漢字が並ぶ。

それぞれに付けられたのは整理番号である。
ということで、引くのはちょっと面倒臭い。眠たいときにやる作業ではない。こういうときは適当に開いて、そこを読む。
【家】という漢字を見つけた。整理番号555。読み方がローマ字で表記されており、そのあとに語義が続く。1）дом, здáние 2）дом, семья́ 二番目に「家族」という語義が挙がっている。なるほど。
そのあとに漢字の結合例が並ぶ。
家族　kazoku семья́; род
家庭　katei дом; семья́
家内　kanai женá (своя́)
国家　kokka госудáрство
おもしろいのは「家内」の訳語をженá (своя́)としていることで、確かに「家内」といえば「自分の（своя́）」に違いない。「あなたの家内」といったらヘンだ。こういうことを改めて指摘される。おもしろいなあ。説明も短いし、眺めていてちっても疲れない。
次に開くと、【人】があった。こちらはさすがに結合例が多い。
人民　jinmin нарóд, нáция
人口　jinko населéние
人類　jinrui человéчество, лю́ди
人間　ningen человéк; человéческое существó
人気　ninki популя́рность

三人　sannin трóе, три человéка

日本人　nihonjin япóнец

こうやって見ると、同じ「人」がつく漢字から出来ていても、対応する訳語は実にさまざまである。なにか別の角度からロシア語を見ているような気がする。こういう学習もときには必要ではないか。

では、もう一つくらい何か……。

しかしあなたの瞼はすでに重い。さあさあ、無理はしないで、今夜はここまでにしておきましょう。

1435【眠】min

眠る　nemuru спать

眠い　nemui сóнный, сонли́вый

睡眠　suimin сон

不眠症　fuminsho бессóнница

永眠する　eimin-suru скончáться, заснýть вéчным сном……

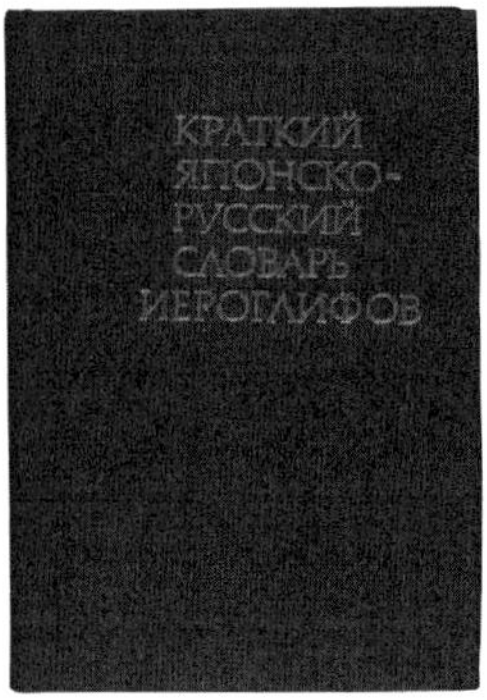

ソ連時代に日本語学習者のために出版された『和露漢字小辞典』。1日の終わりに気軽に眺めるつもりが、あまりにもおもしろく目が冴えてしまうという逆効果があるのが玉にキズ。

読み通す価値あり

教師はいう。

「ロシア語は、ただ勉強すればいいというものではありません。語彙や文法と並んで、その地域の伝統や習慣など、ロシア語の常識についても知らなければ、本当の意味で学んだとはいえないのです」

じゃあ、どうすりゃいいんだよ。

これまではこれに答えることが難しかった。「ええと、ふだんからよく読書して、新聞を読んで、何ごとも積極的に……」といった抽象的なことを並べたて、お茶を濁していたのではないか。

だが、現在では違う。

ロシア語の常識については Прóхоров Ю. 編 *Россúя. Большóй лингвострановéдческий словáрь* を読みなさい。

これはモスクワの《АСТ-ПРЕСС》社から出ている辞典シリーズの一冊なのだが、とにかくよくまとまっている。この中で取り上げられた二〇〇〇あまりの項目には、ロシア語の常識が見事に凝縮されているのだ。

たとえばａで始まる項目は次のように始まる。абитурие́нт「大学受験生」、«Авро́ра»「巡洋艦オーロラ号」、а́збука「初等文字教本」、Азо́вское мо́ре「アゾフ海」、Айболи́т「あいたた先生」…

「あいたた先生」というのは、コルネイ・チュコーフスキイの童話に出てくる主人公である。このように歴史や地理に混ざって、ふつうの教科書には出てこないような見出し語まで並ぶ。

ロシアおよびロシア語の知識を中心としているので、そこにはブレがない。«Лес»「森」を引いてみると、ロシア国土の四五パーセントを占めるという情報から始まり、ロシアの森はどんな木が生えていて、どんな木の実が採れて、さらにはそれを使ってどんな食べ物を作るかに至るまで、事細かに説明されているのである。

ただしそこまでだったら、百科事典にも載っている内容。一方、本書は言語文化情報を重視にしており、見出し語ごとにそれに関する慣用句や引用句がまとめられているのである。«Лес»ではВолко́в боя́тся — в лес не ходи́ть.「オオカミが怖いのなら、森へ行くな」、Лес ру́бят — ще́пки летя́т.「木を伐ればきこりが飛ぶ（大きな仕事に多少の犠牲はつきもの）」といった諺も紹介している。ここまで徹底している記述は珍しい。

わたしがとくに気に入っているのが、映画作品の紹介である。日本で有名なエイゼンシュテインやタルコフスキーといった文芸作品ばかりではない。『砂漠の白い太陽』«*Бе́лое со́лнце пусты́ни*»、『ダイヤモンドの腕』«*Бриллиа́нтовая рука́*»、『ホッタービッチ老人』«*Стари́к Хотта́быч*»など、ロシア人には有名だけど、海外ではあまり紹介されない映画もたくさん取り上げている。

かつてラジオ講座を担当していたとき、一緒に仕事をした藤枝エカテリーナさんとビデオやＤＶＤ

の貸し借りをしていて、おかげでロシア・ソビエト映画にずいぶん親しむことができた。そのとき貸してもらった映画は、まず間違いなくこの辞典で言及されている。ロシア語を知るうえでの常識となるような、必見映画ばかりを教えてもらったのだ。彼女のセンスの素晴らしさにも感心するが、現在ではこういうものがまとめられていることが本当にすごい。これを頼りに、さらにＤＶＤを探すこともできる。

　このような映画作品の項目でも、解説のあとに有名な引用句が取り上げられている。このエッセイ集で紹介した映画の台詞も、ほとんどがこれで確認した。もちろん文学作品などについても同様で、プーシキンの『エブゲーニイ・オネーギン』ではМой дя́дя са́мых че́стных пра́вил…が、トルストイの『アンナ・カレーニナ』ではВсе счастли́вые се́мьи похо́жи друг на дру́га, ка́ждая несчастли́вая семья́ несча́стлива по-сво́ему.といった有名な部分が挙がっているのだ。

　わたしはこの辞典が非常に気に入り、同じものを二冊購入した。そのうち一冊は自宅に、一冊は仕事場に置いて、毎日二〜三項目ずつ読んでいった。本文だけで六〇〇ページを超える大辞典なので、はじめはなかなか進まなかったのだが、結局八か月くらいかけてすべて「読破」してしまった。それでもまだ気に入っていて、気に入った項目はときどき読み返している。

　この辞典は日本語に訳す価値がある。翻訳を企画する出版社があれば、是非とも声をかけてほしいくらいだ。プーシキン大学のスタッフが十五年以上かけて編纂した言語地域研究は、日本でもしばらくは価値を失わないだろう。

失われた「笑い」を求めて

一九八八年三月、東京・日生劇場。ロシア語専門学校のクラスメートといっしょに、来日したモスクワ芸術座の『真珠貝のジナイーダ』*Перламу́тровая Зинаи́да*を見に行く。専門学校の先生から、「招待状をもらったんだけど、行けないから、代わりに観ていらっしゃいよ」と勧められ、何も考えずにノコノコと出かけた。

劇場入口の売店には、プログラムのほかに「音声ガイド」も用意されていた。とはいえ、ロシア語の先生から招待状をもらっておいて、音声ガイドに頼って鑑賞するわけにはいかない。「これはいらないよね」と、クラスメートとお互いに見栄を張り、指定された自分たちの席を探す。

席にたどり着いてみれば、驚いたことに前から二番目で、舞台が目の前に迫るほどの非常にいい席。周りを見回すとロシア人ばかりで、どうやらソ連大使館の職員たちらしい。やっぱり御招待なのだろう。立派な来賓たちが並ぶ中、まだ学生だった自分が非常に場違いな存在に思えた。

このとき来日したモスクワ芸術座は、他にも『ワーニャ叔父さん』*Дя́дя Ва́ня*や『かもめ』*Ча́йка*

といった有名な作品も持ってきた。これらの演目も充分に魅力的ではあったが、いただいた招待状では選びようがない。チェーホフ作品と違って、『真珠貝のジナイーダ』という題目も、それを書いた劇作家ミハイル・ローシンМихаѝл Рóщинという名前も、どちらもまったく知らなかった。たとえ事前に予習しようと思いついても、インターネット検索もできない当時では、何の資料も見つけられなかったに違いない。結果として、何の予備知識もないままに鑑賞することになった。

残念ながら、今となっては『真珠貝のジナイーダ』の内容はまったく覚えていない。ただ、いろんなパロディーが盛り込まれていたことだけが、かろうじて記憶に残っているくらいである。

ストーリーよりもずっと印象的だったのは、この舞台を観て大笑いするソ連大使館員たちの姿だった。この演目がよっぽどおもしろいらしい。だが悲しいかな、わたしには分からなかった。いや、まったくではない。でもロシア人と一緒に笑えるのは、五回に一回くらい。それっぽっち。

正直、焦った。

***

笑うことは、泣くことに比べてずっと難しい。

悲しみというものは、親子が別れるとか、恋人と結ばれないとか、大切な人が死ぬとか、だいたい相場が決まっている。国境を越え、同じように涙を流せるしくみになっているのだ。

ところが笑いは、それぞれが独自の背景から成り立っている。世界共通とは限らない。むしろ言語ごとに違っている場合が多く、知らなければ笑えない。文法と語彙だけでは理解できないのだ。

つまり、笑いは文化なのである。

わたしは、ロシア語で笑えることを目指すことにした。

＊＊＊

笑いにもいろんな種類がある。体を張ったコメディーは世界共通かもしれない。だが、それは言語文化ではない。

言語による笑いの最高峰は何か。

漫談というのは、さまざまな言語文化圏で見られるようだ。ロシア語圏も例外ではない。

たとえばマクシム・ガールキンМакси́м Га́лкин。ロシアのお笑い界の代表の一人で、ときどき話題になる。国民的歌手アーラ・プガチョーヴァと結婚したことでも有名になった。しかもかなりのイケメン。非の打ちどころがない。ミスター・パーフェクト。わたし同様、敵の多いことが想像される。理由は違うが。

ガールキンのCDを購入した。「ユーモアの古典」というシリーズの一枚。広告がついていて、他にもいろんなお笑い芸人のCDがあることが分かるが、残念ながら誰ひとり知らない。自分の知っている分野の偏りを再確認する。

CDを聴いてみた。想像通り、まったく分からない。

理由はいくつか考えられる。まず、ものすごい早口。すこし理解したと思ったら、あっという間に次の話題へ。これはつらい。

それから、背景を知らない。笑うための基礎教養がこちらに欠けている。表面的な意味は分かっても、実際のところは何のことやらさっぱり。それにしても、こういう背景って、そもそもどうやって勉強したらいいのだろうか。『ロシア言語地域研究大辞典』だけでは足りないようだ。

さらにはモノマネ。彼の芸は声色、つまり声帯模写が特徴のようだ。もちろん、元を知らないから笑えないということもある。だがそれ以上に、外国語でモノマネのような作った声を聴くのは、かなり難しいのだ。

モノマネに限らない。アニメの吹き替えなども、実は聴き取りにくい。作った声というのは、ネイティブなら気楽に笑えるのに、外国語として学んだものには非常につらいのである。

ガールキンのＣＤはライブらしく、観客の笑い声も聞こえる。きっとおもしろいんだろうなあ。『真珠貝のジナイーダ』のときと同じ疎外感に襲われる。

どうも、はじめから背伸びをしすぎたようだ。

＊
＊＊

本を読もう。本なら自分のペースに合わせてくれる。

加えて、はじめからオリジナルに挑戦するような無謀なことはやめておこう。まずは日本語に訳されているものから始めればいい。

だがご存じのように、ロシアの小説は真面目で、暗くて、重々しいものばかりで、翻訳された作品も、当然ながらそういうものが多い。人間は追究していても、笑いは追究してくれない。

そんな中で、ずっと前に買ったまま、読んでいなかった邦訳書があった。

イリフ＋ペトロフ『十二の椅子』*Двена́дцать сту́льев*

筑摩書房から出た「世界ユーモア文庫」に収録されている。わたしにとって「ユーモア」というのは笑いのセンスがないことばで、耳にするだけで虫唾が走るくらい嫌いだ。だからこの本も読んでいなかった。

だがこの作品については、いろんな人から、とくにロシア人からずいぶん話を聴いた。ロシアの笑いを理解しようと思ったら、いや、ロシア人を理解しようと思ったら、『十二の椅子』を必ず読まなきゃねと、みな異口同音に勧める。どうやら有名な「古典」であるらしい。

『十二の椅子』は、元貴族が所有していた十二脚の椅子のうちの一つに縫い込まれたダイヤモンドをめぐって、アヤシゲな連中が奔走する物語である。主人公オスタプ・ベンデル Оста́п Бе́ндер は、ゴーゴリの『死せる魂』の主人公チチコフにも比べられる、魅力的なペテン師。さる文学事典によれば、発表当時は批評家から悪評だったにもかかわらず、読者の人気はすさまじいほどだったという。こういうエピソードは好きだな。

読んでみると、これがなかなかおもしろい。多少古臭い感じもないではないが、小説の舞台はソビエトがネップ政策を進めていた時代なのだから、古くて当然である。はじめのうちは饒舌な台詞と激しい展開に少々疲れ気味だったが、だんだんと調子が出てきて、そうなると読むスピードも上がってくる。これが「笑い」に近づくことなのか。

結局、非常なる満足を以て読了した。いや〜、やっぱり古典はいいなあ。とはいえ、最近流行の真面目な文学ばかりを扱っているエリート古典文庫には、入れてもらえそうもない作品である。

こうなるとロシア語の原著を読みたくなるのがわたしのクセなのだが、今回はちょっと別のことを考えた。つまりDVDで再びストーリーを追おうというのである。

『十二の椅子』は何回か映像化されている。わたしがDVDで手に入れたのはレオニード・ガイダイ監督の一九七一年映画版と、マルク・ザハーロフ監督の一九七七年ドラマ版。ガイダイ版は一五三分、ザハーロフ版は二八九分で、どちらも非常に長いが、あれだけの長編小説をまとめるのだから、当然である。数日に分けてすべて観た。

どちらが優れているか、これは甲乙つけがたい。ガイダイはコメディー映画の鬼才であり、彼の手にかかれば原作がさらに膨らみを増す。登場人物の一人一人をよくとらえ、さらに新しい解釈を加えているのである。

一方、ザハーロフは原作により忠実であり、本来のムードをそのまま伝えている。なによりもベンデル役のアンドレイ・ミローノフがいい。彼はベンデルのイメージにぴったりなのだ。

この作品はさらに別の監督による映画もあるようだし、ロシアを離れて第二次大戦前のチェコスロバキアや一九六二年のキューバでも映画化されている。さらに続編で、同じベンデルが活躍する『黄金の仔牛』*Золотой телёнок*も同様に人気を博し、やはり映画化された。ここまでくると、単なる一作品ではなく、ある種の常識である。

やっぱりこれは、原作を手に入れて、ゆっくりでいいから読まなくちゃ。今どき、もっと現代的な笑いもあるだろうが、どうもわたしにはこういうのが合っているようだ。一昔前の、今では失われた笑い。何ごとも古典から。何ごとも基礎から。近々、ロシア語専門書店へ出かけるつもりである。

ベンデルの有名な台詞にМóжет быть, тебé дать ещё ключ от квартиры, где дéньги лежáт? というのがある。「ひょっとして、金がある部屋の鍵まで寄こせってんじゃないだろうな」、つまり、あんまり都合のいいことばかりほざいてんじゃねえぞ、という意味だ。

外国語としてロシア語を学んでいるクセに、そのうえ笑いまで求めようなんて、なんと図々しい話だろうか。

だが外国語学習者とは、なんとも図々しいものなのである。頼まれもしないのに、別の言語文化圏へズカズカと踏み込んでいく。そんなふうにして、ロシアの言語文化へとアプローチする。

これにはペテン師ベンデルですら、呆れ顔に違いない。

『12の椅子』のDVDジャケット。上がガイダイ監督作。下がザハーロフ監督作。ペテン師ベンデルの活躍は時代と国境を越え愛されている。

*
**

おわりに

振り返ってみれば、二〇代から三〇代にかけては、ロシア語教師業でいつも忙しかった。講習会、企業研修、専門学校、大学と、声がかかればどこへでも教えに出かけた。

あちこちで教えていると、さまざまな話題が蓄積されていく。教える場所が多様であれば、話題もそれだけ多岐にわたる。わたし自身もいろいろ調べたり、自らの体験を話したりした。さらに生徒が想定外の反応をして、思わぬネタを提供してくれる。こうして、細かいエピソードがどんどん増えていった。

授業中、教科書の隅に走り書きでメモしたくなるような、ちょっとした話題。本書にはそんな「余白の物語」ともいうべき小さなエピソードが集められている。

昔から効率よく勉強するのが苦手だった。

厳選された学習内容を集中的に身につけることに、何の魅力も感じなかったのである。それよりも話題の豊富な先生から、いろんなエピソードを聴きながら学ぶのが好きだった。先生というものは話が楽しければ、少々脱線してもいい。ちょっとだけ危ない悪口が出てもいい。とにかく魅力的な話題が提供できなければダメなのである。そう考えてきたものだから、自分が教師になってからも、やっぱりそういうスタイルでやってきた。

だが、これはすでに時代遅れである。

今の外国語学習は、最良のメソッドを模索し、時間を短縮し、さらにはコンピュータなどの最新機器を駆使して、とにかく効率のよい方法を求める。それが必要とされている。わたしにはそう見える。

それに加えて、平等であることが強調される。同じ「ロシア語初級」という名称の授業だったら、誰が教えても同じであることが要求される。同じ教科書を使って、同じ内容を教育し、同じ速度で進み、同じ難易度の期末試験を課し、同じ基準で成績をつける。それが正しいことなのだ。

だから、学習内容と直接には関係ない話題に触れたり、脱線をしたりしてはいけないのである。このような行為は、効率が悪いだけではない。高い授業料を取っておきながら、余計な話をするのは不正に等しいのだ。教室には言論の自由がなくなりつつあるのかもしれない。

余計な話は歓迎されない、それどころか、ほとんど禁止されている。

分かっちゃいるが、そういう余計な話って、魅力的なんだよなあ。

授業中はいけないのなら、本にしようか。それなら文句あるまい。

こうして個人的な趣味に偏った、気まぐれで、平衡感覚に欠ける話題をたくさん集めてみた。どれも短いものばかり。かつてはこんな話を織り交ぜながら、ロシア語を教えていたのである。無駄話や脱線のオンパレード。ただし、ロシア語と関係ない話は一つもない。

気が付けば、わたしはまたもや「役に立たない」本を書いてしまっていた。どうやらそういうDNAを持って生まれてきたらしい。

＊＊＊

本書は二〇一〇年に現代書館から刊行されたが、このたび白水社から改訂版を出すにあたり、ロシア語に不慣れな人でも楽しめるようにエッセイの配列や章立てを一部改めた。また旧版を読んだ方にも再び手に取っていただこうと、追章として「ベラルーシ語の余白」を加えた。ロシア語にもっとも近いとされるベラルーシ語の話を、本書に収めることには意味があると信じている。

ラジオ講座以来お世話になっている藤枝エカテリーナさんには、旧版で本文のロシア語部分をチェックしていただいた。今回もそれを踏襲してある。彼女の指摘はいつも的確であり、非常に信頼ができる。そのうえエッセイにもたくさん登場していただいた。あれこれ話題にしちゃってすみません。旧版では現代書館の吉田秀登さんに、一〇〇篇を超えるバラバラなエッセイをまとめるため、これまで以上に面倒な編集作業をお願いすることになった。今回は白水社の岩堀雅己さんが版組を改めるなど、同様に面倒な作業を引き受けてくださった。お二人のおかげで、わたしは希望通りの本を改めて世に送り出すことができたのである。ここに深く感謝します。

二〇二一年九月

黒田龍之助

ベラルーシ語の余白、あるいは白学事始

ベラルーシ語のアルファベット

А	а	ア
Б	б	ベ
В	в	ヴェ
Г	г	ゲ
Д	д	デ
Дж	дж	ヂェ
Дз	дз	ゼ
Е	е	イェ
Ё	ё	ヨ
Ж	ж	ジェ
З	з	ゼ
І	і	イ
Й	й	イ・カロートカエ
К	к	カ
Л	л	エル
М	м	エム
Н	н	エヌ
О	о	オ
П	п	ペ
Р	р	エル
С	с	エス
Т	т	テ
У	у	ウ
Ў	ў	ウ・カロートカエ
Ф	ф	エフ
Х	х	ハ
Ц	ц	ツェ
Ч	ч	チェ
Ш	ш	シャ
Ы	ы	ウィ
Ь	ь	ミャッキ・ズナーク
Э	э	エ
Ю	ю	ユ
Я	я	ヤ

2文字で表すджとдзは、アルファベット表に入れないこともあります。

スタフ王の素敵な文字

ベラルーシ語に興味を持つキッカケは映画だった。『スタフ王の野蛮な狩り』（一九七九年、日本公開一九八三年）である。

ベラルーシが映画で特に有名というわけではない。知人にもらった古い映画パンフレットによれば、『スタフ王』以前に日本で紹介された「ベラルーシフィルム」製作の映画には『戦略突撃命令』と『小さな英雄の詩』があるというが、どちらも観たことがない。一方『スタフ王』は、モントリオール映画祭で審査員特別賞を受賞したこともあり、海外で幅広く知られたらしい。むしろ例外的な上映なのではないか。

舞台は十九世紀末のベラルーシ北西ポレーシエ地方。若き民俗学者アンドレイ・ベロレツキーは、フォークロア調査のためにペテルブルグからやってくる。あるとき雨宿りした古い館で、彼は若い女主人ナジェージダと出会う。彼女は領主ローマン・ヤノフスキーの末裔なのだが、この一族には血生臭い伝説があった。十七世紀はじめ、農民に同情的な、スタフ王と渾名される改革派の人物を、ロマーンが騙し打ちで殺害する。断末魔の声を上げながら、スタフ王はヤノフスキー一族を代々呪ってやると叫ぶのだった。遠い昔話のはずなのに、ベロレツキーの滞在中に事件が起きる。ナジェージダにまつわる人々が次々に殺され、人々はスタフ王の祟りだと噂する……。

このストーリーを聞けば、多くの日本人が横溝正史『八つ墓村』を想起するだろう。わたしは昔から横溝ミステリーが大好きだったので、金田一耕助の代わりにベロレツキーが謎解きをするこの物語にすぐさまハマった。

ただしこの映画はロシア語である。噂によればベラルーシ語版もあるらしいのだが、確認はしていない。もっともこの映画を観たときのわたしの語学力では、ベラルーシ語はおろか、ロシア語だってそれほどは聴き取れなかった。

だが少しでも分かると嬉しい。

物語のはじめの方で、ナジェージダがベロレツキーに尋ねる。ミンスクは大きな街なのですか？あまりにもナイーブな質問に、ベロレツキーは驚きながらも、そうだと答え、さらに付け加える。

Но Москвá, Петербýрг бóльше.　でもモスクワやペテルブルグのほうがもっと大きいです。

比較級を用いた基本的な文例であり、これは当時のロシア語力でも充分に分かった。

原作はウラジーミル・カラトケーヴィチ（ロシア語ではコロトケーヴィチ）による同名の小説である。ベラルーシ語版ではこの部分がこうなっている。

Але́ Масква́, Пецярбу́рг бо́льшыя.
(ロシア語と区別するために、この先ベラルーシ語は違うフォントで示す)

ロシア語との違いはあまりにも微妙だ。「モスクワ」はロシア語でМосква́、ベラルーシ語では**Масква́**となっている。はじめから二番目の文字がaかoの違いだが、発音はどちらも「マスクヴァー」である。ベラルーシ語は発音どおりに書き表すのが原則で、正書法が新しい言語にはこの傾向が強い。

一方「ペテルブルグ」はベラルーシ語で**Пецярбу́рг**となっている。このцの音がベラルーシ語の特徴であるのだが、ここでは詳しく触れない。бо́льшеと**бо́льшыя**の違いも文法的にはいろいろと説明できるのだが、ここでは省略。そういった違いはあるが、ロシア語を少しでも知っていれば、簡単に理解できる。

ただし**але́**はロシア語の知識では分からない。それでもポーランド語など西スラブ語群の言語を知っていれば、「しかし」だと想像がつく。ウクライナ語と同様に、ベラルーシ語もポーランド語の影響が大きい。

つまりベラルーシ語は、ロシア語を基本に、ポーランド語の語彙を散りばめたような言語なのである。

これに対する評価は二分される。まず分かりやすくていいという楽観論。ロシア語を勉強した人には親しみやすい。中には辞書さえ引けばすべて分かると豪語する者までいる。

反対に似すぎていてつまらないという意見もある。言語学者の多くは、自分の研究する言語に他にはない特徴を求める。そういう人からすれば、ロシア語の変種に過ぎないベラルーシ語なんて「研究する価値あんの？」くらいなもので、実際にある音声学者から面と向かってそういわれたこともある。確かにベラルーシ語は正書法や語彙だけでなく。文法に関してもロシア語と大きく隔たるものがほとんどない。だが、やはりそこには違いがある。たとえば、ベラルーシ語でしか使わない文字がある。

ў

短い「ウ」の音を表す。短いというのは、それだけでは発音できないということで、半母音とか半子音とかいわれる。英語ならwが対応すると考えれば分かりやすい。

たとえばヤノフスキーはロシア語ならЯно́вскийだが、ベラルーシ語では**Яно́ўскі**となる。「ヤノウスキ」といった感じか。まさにベラルーシ語的ではないかと、一人で喜んでしまう。

とはいえ映画には文字が現れない。舞台となる館は奥深い田舎にあり、女主人はミンスクさえ知らないほどだった。村に看板などがあるはずもなく、ベラルーシ語に特徴的な**ў**にも出合えない。

ロシア語にもっとも近い別言語であるベラルーシ語。このベラルーシ語をわたしがどのように勉強していったか、ここではそんな話をすこしだけ書いてみよう。

そもそも「ベラ」は「白い」という意味だから、余白を語るのにぴったり。それでは「白学事始」のはじまりはじまり。

短いイ、短いウ

ロシア語で使うキリル文字には、よく似ているものがある。

и　й

иが「イ」の音を示すのに対して、йは音節を形成しない半母音の「イ」である。ロシア語では「短いイ」という意味でイ・クラートカエという。「短いイ」のわりには、名称が長い。

口を横に思い切り開きながら「イ」と発音すれば、狭まった口の中ではいつしか摩擦を起こし、母音ではなくなってしまう。子音に近くなったиには、上に小さなUを書いて母音と区別する。

英語ではiが母音、yが子音を表すが、言語によってはyではなくてjを使う。字の形からすれば、iを下に伸ばしてjにしたのだから、こちらのほうが説明しやすい。

口の中が狭くなって摩擦を起こすとしたら、「ウ」も同様だ。口を思い切り尖らせれば、やっぱり摩擦を起こして母音ではなくなる。

у　ў

つまり「短いウ」なのだが、ロシア語にはこれがない。だがベラルーシ語では**ў**が「短いウ」という意味のウ・カロートカエ（またはウ・ニェスクラドーヴァイエ、つまり「音節を形成しないウ」というのがある（クラートカエとカロートカエの違いは、煩雑なので省略）。

ўは語頭では使わないため、辞書の見出し語にはない。母音の後にくるのがふつうである。

праўда　真実

ロシア語ではпра́вдаと表記する。新聞名にもなっているが、日本語では「プラウダ」と表記するから、むしろベラルーシ語に近い。

他にもロシア語のа́втор「著者」がベラルーシ語で**а́ўтар**になるなど、вが**ў**に替わる例が多いが、それだけではない。волк「オオカミ」はベラルーシ語で**воўк**となり、лが**ў**に替わっている。

ўが存在することは理にかなっている。ロシア語はиに対してはйがあるのに、уに対する**ў**がない。バランスが悪いではないか。

ところがベラルーシ語にはиがない。「イ」の音は**і**が示す。иの文字がないのに「短いイ」であるйがあるのも、これまたバランスが悪い。つまりお互い様である。

わたしがこの**ў**が使われるベラルーシ語を勉強してみたくなったのは、大学院生の頃だった。

教科書がない！

大学院生の頃、ベラルーシ語を勉強しようと決めたのだが、困ったことがあった。教科書がないのである。

教材の充実していない外国語を学んだ経験はすでにあった。セルビア語の講習会では英語で説明された教科書を使ったし、リトアニア語はロシア語で書かれたもので独習した。教科書と辞書と文法書が整った外国語なんて、むしろ例外的なのだ。

ところがベラルーシ語となると、そもそも教科書がない。

そんな馬鹿な、と人はいう。ないことないでしょ。だが本当にないのである。嘘だと思うなら探してみれば。すると相手は本当に探し出す。わたしのいうことを信じていないらしい。その結果、本当にないことを確認する。実際に調べてみてはじめて納得する。自分に関係のない語学書なんて、どんな外国語が存在するかさえ知らない人がほとんどなのだ。

以前、カミさんからこんな話を聞いたことがある。外国語大学のいろんな専攻の学生が集まる授業で、チェコ語およびチェコ語を巡る学習環境について話した後、チェコ語を学ぶにはどうしたらいいかを考えてくださいという論述問題を出した。するとメジャー言語を専攻する学生が、信じられない解答を書いてきた。

「ラジオ講座で勉強すればいい」

世間はこれくらい無理解である。ベラルーシ語の教科書がないと騒いだところで、誰も何もしてくれない。そこで人に頼らず、自分でやることにした。

東京・神保町のロシア語専門書店に出かける。教科書のないことはすでに確認済みだが、丁寧に棚を眺めていると、ロシア語で書かれた概説書が運よく見つかった。

Белору́сский язы́к для небелору́сов『非ベラルーシ人のためのベラルーシ語』（ミンスク、一九七八年、第二版）

茶色の表紙に金色の文字で、どこか厳めしい。教科書ではないから、たとえばイラストが添えられていたり、「これは本です」なんていう甘っちょろい例文が挙がったりはしない。目次を見れば音声と調音、形態論、統語論と、言語学的な説明ばかり。形態論は名詞、数詞、形容詞のように、さらなる細かい品詞別の分類。「非ベラルーシ人のための」といいながら、実質的にはロシア人向けだから、その記述はやたら難しい。外国人が学ぶにはまったく適していないし、作る側だってそんなことは想定していない。

だが他にないのである。仕方なく、頭を縦割りにした調音法を示す断面図や、ロシア語と微妙に違う格変化や動詞活用の表を眺めることにする。

巻末に「簡略ロシア＝ベラルーシ語彙集」があった。ロシア語とベラルーシ語でとくに異なる単語を集めたらしい。どれどれ。

最初の単語はáвгуст「8月」で、ベラルーシ語では**жні́вець**というらしい。ベラルーシ語の月の名称は、ロシア語のようなラテン名起源ではなく、独自のものを使うらしい。続く**жні́ўня**は生格形だろう。ははあ、**е**が脱落するのだな。また斜格では**в**が**ў**に交替するようだ。なかなか勉強になる。

お次はалфавит「アルファベット」で、ベラルーシ語は**алфавіт**とある。あれ、同じじゃん。иと**і**の違いくらいは分かる。だがよく見てみれば、アクセントの位置がロシア語はалфави́тで、ベラルーシ語は**алфа́віт**なのである。なんて微妙なんだ!

さらに進める。аппети́т「食欲」はベラルーシ語で**апеты́т**となり、二重子音で表記しない。生格形は**апеты́ту**で、уをとる生格語尾はポーランド語やチェコ語では珍しくないけれど、キリル文字で見ると慣れないために妙な気がする。

この**апеты́т**にはごく短い例文、じゃなくて語結合があった。**ня́ма апеты́ту**は「食欲がない」という意味で、否定生格であることが確認できる。食事を忘れて熱中してしまう。学習環境が整わないからこそ、こんな些細な情報でも貴重である。

それにしても、もうすこし例文がほしい。本文中にあるのは、大作家による文学作品からの引用ばかり。ソビエトの伝統なのだが、無知な外国人学習者には難しすぎる。

後に、この概説書は改訂版が出た。『ロシア語話者のためのベラルーシ語』(ミンスク、一九九〇年、第三版) Белору́сский язы́к для говоря́щих по-ру́сски は表紙が茶色から明るい青緑色になり、以前ほど厳めしくはなくなったが、中身はほとんど同じで、やはり敷居が高い。

それでも改良された点もある。巻末に「ことばの使い方」としてあいさつ表現をまとめたページが増補された。左にロシア語、右にベラルーシ語となっていて、たとえばЗдра́вствуйте!「こんにちは」に対しては、次のようなベラルーシ語が並んでいる。

До́бры дзень! Дзень до́бры! Дабры́дзень! До́брага здаро́ўя! Здаравéнькі былí! Здаро́ўце!

これがお互いどのように違うのか、どうやって使い分けるのか。そういうことはサッパリ分からないけど、あいさつができるようになったのは大きい。最初の**До́бры дзень!** はロシア語にそっくりだから、二番目の**Дзень до́бры!** みたいに倒置してあるほうがカッコいいかも。でも倒置はポーランド語風って思われないかな。最後の**Здаро́ўце!** はベラルーシ語オリジナルっぽいから、これがもっともいいかも。

こんな感じで、それなりに楽しめるのである。不便も、ときには楽しい。

小学二年生になったつもりで

外国人向けの教科書がないベラルーシ語だが、国語の教科書はある。ベラルーシの子どもたちだって、学校でベラルーシ語を勉強するのだから、なければ困る。

ところがそういう学校用教科書は、ふつうの書店には売っていない。日本の教科書だって、東京・神保町の三省堂書店のような特別な書店に行かなければ、買うことはできない。旧ソ連にしても似たようなものだった。

それがどういうわけか、わたしの手元にはベラルーシの国語の教科書がある。**Роднае слова**（ミンスク、一九九一年）は「祖国のことば」と訳すと厳めしいが、要するに「国語」のことだ。**родны**は「血の繋がった」「生まれ故郷の」を表す形容詞である。表紙の見返しには手書きで値段が書き込まれており、どこで手に入れたかは記憶にないが、どうやら現地で買い求めたらしい。こういうものは見つけたときに入手しておくに限る。

この『祖国のことば』は全ページがカラー印刷で、ベラルーシの本としてはなかなか豪華だ。素朴で可愛らしいイラストがあちこち挿入されるあたりは、どこの国の教科書も同じだろう。だが巻頭に「文字教本とのお別れ」という詩があって、これは他所ではちょっとお目にかかれない気がする。

一年が過ぎました　はじめてのとき

あなたといっしょに　一年生になりました

さあ今朝からは　新しい読本です……

一年生が文字を覚える『文字教本』を、「あなた」と呼びかける親しさが注目である。イラストでは女の子と男の子に別れを告げる『文字教本』が手を振り、一方その男の子は『祖国のことば』と手をつないでいる。新しい勉強のはじまり。二年生はこれから先生といっしょに文章の読み方を覚えるのである。

だがわたしには先生がいない。実をいえば『文字教本』のほうこそ手に入れたかったが、できなかったのである。仕方がないので、わたしには少々高度な二年生向けの『祖国のことば』を、一人で読み始める。

ベラルーシ語の教科書には詩が多い。詩は難しいものだが、そこは二年生向けだから、それほどでもない。

夜遅くまで　本で学びます
新しい読本だと　眠くなりません……

優等生的なのが鼻につくが、一九九一年のベラルーシはまだまだソビエトを引きづっている時代だから仕方がない。大切なのは分かりやすいことで、理解できることをありがたく思う。詩によっては自然の美しさを詠っているものもあり、そうなると知らない植物名や動物名が出てくるから、むしろ学校の優等生のほうがまだつき合いやすい。

二年生向けとはいえ、そのレベルは高い。国民的詩人ヤクブ・コーラスとか、例の『スタフ王の野蛮な狩り』の原作者である小説家ウラジーミル・カラトケーヴィチとか、文学史でお目にかかるような文豪の名前も散見する。子ども向けに平易を装いながら、しっかり「文学している」のである。

この教科書には残念ながらアクセント記号がない。ベラルーシ語はロシア語と同じく、単語のなかの母音のうち一つだけが、他より強くはっきりと、しかも少し長めに発音される。これをアクセントというのだが、ベラルーシ語のアクセントはロシア語同様、どこの位置に来るか分からない。いつでも第一音節のチェコ語や、終わりから二番目の音節にあるポーランド語とは大きく違う。ただしベラルーシ語にはロシア語にない利点がある。oがあったら、必ずそこにアクセントがあるのだ。

これにはベラルーシ語の正書法が関係してくる。ロシア語はアクセントのないoは「ア」と発音する。これをアーカニエ（ア音化現象）といい、ロシア語初心者が悩まされる現象である。たとえばロシア語の「ミルク」молокоは、アクセントが最後のкоにあるから、残りのoは［ア］になり、全体として［マラコー］となる。

一方、ベラルーシ語は書いたとおりに発音するので、「ミルク」は**малако**と書いて［マラコー］と発音する。原理的にはロシア語と同じで、［オ］は一単語に一つしかなく、しかも必ずそこにアクセントがある。つまりoがあれば、そこが必ずアクセントなのだ。『祖国のことば』**Роднае слова**も「ロードナイェ・スローヴァ」となる。ここまでベラルーシ語のoにアクセント記号を付けてきたのは、実をいえば無駄であり、ベラルーシ語の書物ではまずやらない。

ちなみにウクライナ語の「ミルク」はмолокоと書いて［モロコー］と発音する。これもそのまんま。こうしてみると、ロシア語だけが素直じゃない。

oだけとはいえ、アクセントの位置が分かると助かる。しかもそれに合わせて読んでいくと、リズムが摑めるためか、全体としても調子よく読める気がする。あとは声に出して、熱心に練習するしかない。

なんといっても、二年生なんだから。

ベラルーシの国語教科書『祖国のことば』。

注文の多い会話集

小学生向けの国語の教科書は楽しいけれど、やはり意味が正確に理解でき、アクセントの位置がちゃんと示してあるほうがいい。

そういうときは会話集である。もちろん、ベラルーシ語会話集を入手するのも楽ではない。だがこちらは現地で運よく見つけることができた。ミフネヴィチ、ナヴィチェンカ『英語＝ベラルーシ語会話集』（ミンスク、一九九二年）**Англа-беларускі размоўнік**である。

同じミフネヴィチは『ロシア語＝ベラルーシ語会話集』を編纂していて、こちらは日本のロシア語専門書店でも一時は買えた。あちこちに挿入されることわざは興味深いし、巻末には読み物があるし、なによりも「語彙・文法対照解説」はベラルーシ語とロシア語の微妙な違いを丁寧に説明してくれるので助かるのだが、問題が二つ。一つはベラルーシ語にアクセントが付いてないこと。もう一つはベラルーシ語の部分がイタリック体になっていているため、ひどく読み難いことである。ベラルーシ語もロシア語も同じキリル文字だから、どっちがどっちだか混乱しないために一方をイタリック体で表わすのは分かる。そのイタリック体は強調するときに使われるのが一般的だから、メインとなるベラルーシ語がイタリック体となってしまう。

『英語＝ベラルーシ語会話集』ではイタリック体が使われていない。ラテン文字とキリル文字だから、違いは一目瞭然なのである。しかもベラルーシ語にはアクセントが付いている。わたしはこの会話集でベラルーシ語を学んだといっても過言ではない。

会話集の巻末にはベラルーシ語概説があるが、すべて英語とベラルーシ語の対訳で、非常にためになる。

「地球上には五〇億人の人間が約四〇〇〇の言語を話している。そのうち三一〇の言語が一〇〇万人以上の言語人口を有する。ベラルーシ語はそのうち七六位を占めている」

どういう統計に基づいているか皆目不明だが、外国語の教科書として考えれば、ふつうの会話集にないような語彙や構文を教えてくれるから、非常に有益である。二四〇頁ほどでそれほど厚くないが、なかなか充実している。

さらに手軽な小型会話集も入手できた。シャディコ、ヴイチク『ベラルーシ語ミニ会話集』（ワルシャワ、一九九〇年）*Minirozmówki białoruskie*で、こちらはポーランドで見つけた。手のひらサイズで一〇〇頁足らず。旧ソ連以外で、ベラルーシ語会話集は珍しい。ベラルーシ語はキリル文字と並んでラテン文字に転写したものが挙がっており、はっきりいって鬱陶しいが、おかげでアクセントの位置が分かる。ポーランド語の対訳よりも、ベラルーシ語を読んだほうが理解の早いところが情けない。

小型なので、電車の中でつり革に摑まりながらでも読める。

読んでいるうちに気がついたのだが、会話集は疑問文が多い。国境の税関では、「何か申告するものはありますか」「現金はお持ちですか」「通行ビザをお持ちですか」とあれこれ質問される。疑問詞のない疑問文では、ポーランド語でczy、ベラルーシ語で**ці**がそれぞれ文頭に置かれるので、視覚的にも目立つ。このあとは「パスポートをお願いします」「カバンを開けてください」と注文が続く。

会話集はこのように一方的な質問や注文の文が多い。税関で「申告するものはありませんか」とか「カバンを開けてください」というのは係員だから、旅行者自らが使うというよりは、聞き取ることを想定しているのだろう。とはいえ、会話はお互いのやりとり。その答え方も知りたい。

それに対して、このミニ会話集はちゃんと対策を教えてくれる。「これは個人の持ち物です」「これはプレゼントです」「わたしは許可証を持っています」など、適切な言い訳が挙げてあるから、旅行者はこれを適宜使えばいいのだ。

中でも感心したのは次の文である。

Гэ́та ўжо не новае.　これはすでに新しくありません。

新品じゃないから商品ではありません、もちろん転売して儲けようなんて考えておりません、というわけである。なるほど。

だが実際のところ、ポーランド人とベラルーシ人がこんな会話をすることってあるのだろうか。旧ソ連時代はベラルーシの税関だってロシア語だったはずだし、その後にしても、少なくともわたしは税関でベラルーシ語を使ったことはない。だいたいポーランド人とベラルーシ人だったら、双方が自分の母語で押し通してもナントカなりそうな気がするし。

それでも教科書に出てきそうな簡単な文が、こんなにも切迫した（？）場面で使われていると、それだけで記憶されてしまうから、これは教材としても優れモノなのである。

こんな感じで細々と続けてきたベラルーシ語学習。拙著『ベラルーシ語基礎一五〇〇語』（大学書林、一九九八年）が出来上がるまでには、ずいぶんと楽しい遠回りをしてきたのである。

中世、ミステリー、そしてベラルーシ

そういえば翻訳をしたことがない。

外国語を使って生きてきた。主要言語はロシア語。あちこちで教えたり、教科書を書いたり、テレビやラジオの講座で講師を務めたこともある。若い頃は通訳として、日本と旧ソ連を飛び回っていた。英語も大学でしばらく教えていた。教養英語に加えて、英文専攻で英語学を担当したこともある。さらにはいろんな外国語について、エッセイを書いている。

これほど外国語漬けの日々なのに、翻訳だけは縁がない。

学費欲しさにテレビ番組の内部資料や新聞記事を訳したことはある。だがこの程度の翻訳だったら、ドストエフスキーの『罪と罰』の主人公ラスコーリニコフだって友だちから持ちかけられている。学生バイトの定番といっていい。

ドストエフスキーといえば、数年前から海外の古典文学の新訳を次々と発表する文庫が登場し、意外なヒットをとばしている。ある日この出版社の編集者から一度お会いしたいと連絡をもらった。おお、ついにお鉢が回ってきたか！

それにしても、何を訳すのだろうか。

大学院時代は中世ロシア語に取り組んでいた。言語が専門だったとはいえ、古典語の研究は具体的な作品を分析するところから始まる。歴史書や宗教書に加え、文学作品もあれこれ読んできた。

中世ロシア文学はマイナーである。他の西洋中世文学では、『ベーオウルフ』とか『トリスタンとイゾルデ』あたりは、それなりに知られている。しかし中世ロシア文学はもっとも著名な『イーゴリ遠征物語』でさえ、岩波文庫に収録されているにもかかわらず、かなりの読書家でも読んだ人は稀である。

だが知られていないからこそ、紹介する価値があるとも考えられる。基本的には退屈な宗教説話が多い中世ロシア文学だが、『長司祭アヴァクーム自伝』や『シェミャーカの裁判の物語』などはストーリーそのものが面白い。わたしが気に入っているのは商人アファナーシイ・ニキーチンによる『三つの海のかなたへの旅』という十五世紀末の旅行記。これは確か邦訳がなかったはず。こういうものを掘り起こしてアンソロジーを編めば、結構いけるんじゃないか。てな感じで、一人で盛り上がってしまった。

だから後日、その編集者がまったく別の分野の担当で、依頼内容も完全に違うものだと分かったとき、ショックのあまり結局お断りしてしまったのは、こういう事情なので許してほしい。

ここで気づいた。どうやらわたしは心の奥底で翻訳をやってみたいのだ。ところが依頼が来ないのである。

言語が専攻だから仕方ないのか。

かつてわたしが習った諸先生は、言語学者である一方で、チェコ語やセルビア語から文芸作品を訳していた。最近は分野が細分化され、そういうことができないのか。積極的に売り込まなければダメなのか。それとも単に実力の差か。

あるいは留学経験がないためか。

わたしは留学をしたことがない。一カ月の現地短期研修に何回か参加した程度である。しかもいろんな国に行くものだから、専門家として信用されにくいのかもしれない。依頼されないワケである。

依頼はされないが、訳したい作品がないわけではない。できれば日本であまり知られていない国の文学を紹介してみたいと、実はひそかに狙っている。

たとえばベラルーシ文学。

ベラルーシはロシアの西隣に位置する非常に地味な国で、観光スポットもロクにないため、日本から訪れる人はほとんどいない。だがわたしは大学院生時代からこの国の言語文化に注目していた。中世ロシア語は時代が下るとロシア語、ウクライナ語、ベラルーシ語に分かれていく。この三言語はお互いに兄弟といっていい。中でもベラルーシ語は日本で取り組む人が非常にすくない言語である。

ある夏この国の首都ミンスクで一カ月のベラルーシ語研修を受け、その際に文学講義も聴講した。おかげでベラルーシの三大詩人がヤンカ・クパラ、ヤクプ・コーラス、マクシム・バフダノヴィッチの三人であるという知識を得た。この辺りがベラルーシ文学の王道である。

そこで彼らの作品を読んでみた。するとまもなく、これがとてつもなく難しいことに気がつく。風景描写の多いベラルーシの詩。その美しさを伝えるには、東京生まれのわたしの日本語では無理だ。そもそも詩は苦手である。

だったら散文はどうか。その文学講義によれば、現代文学ではウクライナが歴史に向かうのに対し、ベラルーシのテーマは戦争だという。

ああ、ミステリーとコメディーばかり読んでいるわたしには、またしても歯が立たないではないか。いや、落ち着け。そういう表向きの情報に騙されるな。どこの文学だって、探せばいろんな作品がある。

そうだ、わたしには大好きなベラルーシ小説があったではないか。

この章の最初で紹介した、ウラジーミル・カラトケーヴィチの『スタフ王の野蛮な狩り』である。中世、ミステリー、そしてベラルーシ。

あらゆる面でわたしの得意分野で、しかも手に汗握る面白さ。かつてミンスクの学生寮でこのロシア語版を読んでいたら、あまりのスリルに顔がこわばり、部屋を訪ねてきたベラルーシ人学生から心配された。だが『スタフ王』を読んでいると告げたら、相手はすぐに納得した。ベラルーシのインテリなら誰でも知っている著名な作品である。いける。間違いなく訳す価値がある。

翻訳が依頼されるのを悠長に待っていてはいけない。当てはなくとも、すこしずつ訳しながら日々研鑽を積む。訳すからにはベラルーシ語原作からがいい。こうして辞書を片手に奮闘が始まる。

ベラルーシ語の辞書は日本語との対訳はおろか、英語すらロクにない。あるのはほとんどがロシア語である。しかも知らないベラルーシ単語を引いてみれば、そこに現れるのはほぼ同じ綴りによるロシア単語。この二つの言語は非常に似ていて、しかも同じキリル文字を使っている。疲れてくると、目の前の単語がどちらの言語なのかさえ分からなくなってくる。

ベラルーシ語＝日本語辞典がほしい。でもない。だったら自分で作ろうか。

自分のためだけではない。これだけ似ている言語なのだから、よい辞書さえあれば、ロシア語を学んだ人がベラルーシ語を読み解くのに役立つに違いない。ではどうすれば使いやすい辞書になるか。そもそもどうやって語彙を選べばよいか。頻度数のデータは幸い手元にあるが、これだけに頼ってはダメで、いろいろ調整が必要だ。言語が専門であるためか、ついつい張り切ってしまう。

その一方で『スタフ王』の翻訳作業はちっとも捗らない。

ということで、わたしにとって翻訳はいつまで経っても遠い存在であり、また「白学事始」もなかなか進まないのである。

（初出「考える人」二〇一三年秋号・新潮社）

著者紹介

黒田 龍之助（くろだ　りゅうのすけ）
1964年、東京生まれ。上智大学外国語学部ロシア語学科卒業。東京大学大学院修了。スラヴ語学専攻。現在、神田外語大学特任教授、神戸市外国語大学客員教授。
主要著書
『ロシア語のかたち』『ロシア語のしくみ』『ニューエクスプレスプラス ロシア語』『つばさ君のウクライナ語』『寝るまえ5分の外国語』『外国語の水曜日再入門』『ロシア語の余白の余白』『寄り道ふらふら外国語』『ことばはフラフラ変わる』『もっとにぎやかな外国語の世界［白水Uブックス］』（以上、白水社）、『羊皮紙に眠る文字たち』『チェコ語の隙間』『ロシア語だけの青春　ミールに通った日々』（以上、現代書館）、『初級ロシア語文法』『初級ウクライナ語文法』『ぼくたちの英語』『ぼくたちの外国語学部』（以上、三修社）、『ウクライナ語基礎1500語』『ベラルーシ語基礎1500語』（以上、大学書林）、『はじめての言語学』（講談社現代新書）、『大学生からの文章表現』（ちくま新書）、『外国語をはじめる前に』（ちくまプリマー新書）、『ポケットに外国語を』『その他の外国語エトセトラ』『世界のことばアイウエオ』（ちくま文庫）、『語学はやり直せる！』（角川oneテーマ21）、『外国語を学ぶための言語学の考え方』（中公新書）、『物語を忘れた外国語』（新潮文庫）

装丁
三木俊一（文京図案室）

本書は2010年に現代書館より刊行された『ロシア語の余白』を組み替え、増補、改題したものです。

ロシア語の余白の余白

二〇二一年一一月三日 印刷
二〇二一年一一月二四日 発行

著者 © 黒田龍之助
発行者 及川直志
印刷所 株式会社三陽社
発行所 株式会社白水社

東京都千代田区神田小川町三の二四
電話 営業部〇三（三二九一）七八一一
編集部〇三（三二九一）七八二一
振替 〇〇一九〇-五-三三二二八
郵便番号 一〇一-〇〇五二
www.hakusuisha.co.jp
乱丁・落丁本は、送料小社負担にてお取り替えいたします。

誠製本株式会社

ISBN978-4 560-08922-4
Printed in Japan

▷本書のスキャン、デジタル化等の無断複製は著作権法上での例外を除き禁じられています。本書を代行業者等の第三者に依頼してスキャンやデジタル化することはたとえ個人や家庭内での利用であっても著作権法上認められていません。

ロシア語のかたち［ワイド版］　黒田龍之助 著

ロシア語の文字が解読できる、とびきり楽しい入門書。街にあふれる看板やメニューなどを素材にロシア語をはじめてみませんか。おまけ音源あり。

ロシア語のしくみ《新版》　黒田龍之助 著

言葉にはそれぞれ大切なしくみがあります。細かい規則もいっぱいありますが、大切なのは全体を大づかみに理解すること。最後まで読み通すことができる画期的な入門書シリーズ！　音声ダウンロードあり。

ニューエクスプレスプラス　ロシア語《CD付》　黒田龍之助 著

鏡の国の不思議なキリル文字の世界をいっしょに旅してみませんか。音声アプリあり。

つばさ君のウクライナ語　黒田龍之助 著

つばさ君を主人公とする共通の会話文をもとにウクライナ語とロシア語の相違点をしっかり解説。全20課。音声は無料ダウンロード。

寝るまえ5分の外国語
語学書書評集　黒田龍之助 著

語学参考書は文法や会話表現だけでなく、新たな世界の魅力まで教えてくれる。読めば読むほど面白いオススメの103冊。

外国語の水曜日再入門　黒田龍之助 著

ある大学の研究室。学生がそれぞれ関心を持つ言語の勉強をしている。外国語学習の魅力をぜひ味わってほしい。「ラテン語通信」を増補。

寄り道ふらふら外国語

黒田龍之助 著

英語のホラー小説をフランス語で読む。フランス映画を観てスペイン語が勉強したくなる。外国語の魅力はそれぞれの地域を越えて広がっていく。仏伊独西語の新たな楽しみ方満載の一冊。

ことばはフラフラ変わる

黒田龍之助 著

外国語大学での名講義を再現。ことばはなぜ変化するの？　言語学の基礎である比較言語学がわかると、外国語学習はもっと楽しくなる。

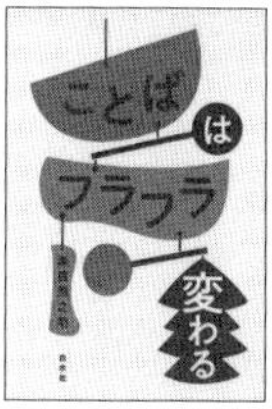

もっとにぎやかな外国語の世界

黒田龍之助 著

この地球には数えきれないほどさまざまな言語がある。文字や音のひびきはもちろん、数え方や名付け方だっていろいろ違う。あなたにぴったりの〈ことば〉を見つける旅に出ませんか。

【白水Uブックス版】

会話＋文法

入門書の決定版がパワーアップ

ニューエクスプレス＋《プラス》 シリーズ

CD＋音声アプリ

アイスランド語　入江浩司
アイヌ語　中川裕
アイルランド語　梨本邦直
アムハラ語　若狭基道
アラビア語　竹田敏之
イギリス英語　古家聡、アン・C・イハタ
イタリア語　2色刷　入江たまよ
インドネシア語　降幡正志、原真由子
ウクライナ語　中澤英彦
ウルドゥー語　萩田博、萬宮健策
エジプトアラビア語　長渡陽一
エスペラント語　安達信明
オランダ語　川村三喜男、佐藤弘幸
カタルーニャ語　田澤耕
広東語　飯田真紀
カンボジア語　上田広美
現代ギリシア語　木戸雅子
グルジア語　児島康宏
サンスクリット語　石井裕
上海語　榎本英雄、范暁
シンハラ語　野口忠司
スウェーデン語　2色刷　速水望
スペイン語　2色刷　福嶌教隆
スワヒリ語　竹村景子
セルビア語・クロアチア語　中島由美、野町素己
タイ語　2色刷　水野潔
台湾語　村上嘉英
タミル語　宮本城
チェコ語　保川亜矢子
チベット語　星泉、ケルサン・タウワ
中国語　2色刷　喜多山幸子
デンマーク語　三村竜之
ドイツ語　2色刷　太田達也
トルコ語　大川博
ノルウェー語　青木順子
バスク語　吉田浩美
ハンガリー語　早稲田みか、バルタ・ラースロー
ビルマ語　加藤昌彦
ヒンディー語　町田和彦
フィリピノ語　山下美知子
フィンランド語　山川亜古
ブラジルポルトガル語　2色刷　香川正子
フランス語　2色刷　東郷雄二
ブルガリア語　寺島憲治
ベトナム語　2色刷　三上直光
現代ヘブライ語　山田恵子
古典ヘブライ語　山田恵子
ペルシア語　浜畑祐子
ベンガル語　丹羽京子
ポーランド語　石井哲士朗、三井レナータ、阿部優子
マレー語　ファリダ・モハメッド、近藤由美
モンゴル語　橋本勝
ラオス語　鈴木玲子
ラテン語　岩崎務
ラトヴィア語　堀口大樹
リトアニア語　櫻井映子
ルーマニア語　鈴木信吾、鈴木エレナ
ロシア語　2色刷　黒田龍之助
ロマ（ジプシー）語　角悠介

日本語の隣人たち Ⅰ＋Ⅱ
中川裕 監修／小野智香子 編

以下続刊　各巻A5判